立ち上げから組織づくり、事業成長まで

インサイドセールス
実践の教科書

INSIDE SALES

監修 栗原康太 才流 代表

著 原秀一 セールスリクエスト 代表
名生和史 才流 コンサルタント
原口拓郎 才流 コンサルタント

はじめに

インサイドセールスは何のために存在しているのか

インサイドセールスが日本において認知されるようになったのは、ここ10年ほどのこと。当初は「インサイドセールスとテレアポって何が違うの？」といった声を、よく聞いたものです。

しかし現在、インサイドセールスに対する認知は確実に広がっています。本書を手に取っている読者であれば、インサイドセールスの基本概念について理解されている方も多いのではないでしょうか。

インサイドセールスは何のために存在しているのか。答えはシンプル。営業効率を高め、売上を上げるためです。

私はこれまでに多くの企業のインサイドセールスを支援してきました。そのなかで実感するのは、インサイドセールスが営業組織に介入することで、目に見えて売上アップにつながるということです。インサイドセールスがない営業組織は、インサイドセールスを立ち上げることで、売上を拡大できる可能性があります。

一方、この10年でインサイドセールスを立ち上げたものの、期待する成果を出せずにやめてしまった企業も少なくありません。インサイドセールス本来の価値を十分に引き出している営業組織は、まだまだ少ないというのが、私の率直な思いです。

では、なぜインサイドセールスに取り組んでも成果を出すことができないのでしょうか。その背景には、主に次の3つの原因があると考えています。

①体系的なノウハウが不足している

② **全体最適の視点が欠けている**

③ **複雑に考えすぎている**

① 体系的なノウハウが不足している

Web上には、さまざまなノウハウが発信されており、一つひとつのノウハウは非常に有益です。しかし、自社の課題にフィットしているか、いま本当にその改善が必要なのかというとどうでしょう。

実際に当社に相談をいただくなかでも、「取り組んでいる施策が、本当の課題に合っていない」というケースはよくあるものです。

インサイドセールスを体系的に学び、全体像や理想的な進め方を把握することで、自社の現状がどのフェーズなのか、何を目的に何を改善すべきか、正しい打ち手が見えてくるはずです。

② 全体最適の視点が欠けている

インサイドセールスは従来の営業と異なり、分業体制で行うのが基本です。マーケティングやフィールドセールス、カスタマーサクセスなど他部門と連携して進める必要があるにもかからわず、ルールが曖昧だったり、従来通りのやり方で進めたりすると、課題が生じてしまいます。

また、データ分析・改善ができていないために、施策を実施してもやりっぱなし、その施策が成功したのかもわからないといったケースも見受けられます。単発の施策を続けても成果につながることはありません。

インサイドセールスは、あくまでも企業のゴールである売上や利益を最大化するためのプロセスの1つです。部分最適ではなく、全体最適の視点で設計や改善を続けましょう。

③複雑に考えすぎている

　インサイドセールスにはさまざまな形態があり、施策の種類も多岐にわたります。また業務を進めるにあたってはさまざまルールを決定していきます。ゆえに、活動内容が複雑化しやすく、思考も複雑になりがちです。

　しかし、インサイドセールスがやるべきことは売上につながる商談を増やすことです。そのためには、シンプルに活動量を増やすことが重要であり、根気よく顧客にアプローチすることが求められます。

　実際、**成果が出ているインサイドセールスの行動指針および実際の行動は非常にシンプルである**ことが多いです。成果が出ていないインサイドセールスほど複雑なルールを設定していたり、さまざまな施策を試していたりします。

　本書は、上記3つの背景を意識し、インサイドセールスの立ち上げ・強化支援サービスを提供する株式会社才流と、インサイドセールス代行やSalesforceの設計・構築サービスを提供する株式会社セールスリクエストが共同で執筆しました。

　マーケティング、フィールドセールス、インサイドセールスの実践者による視点で、インサイドセールスの基礎から実践まで幅広くノウハウをまとめています。

　インサイドセールスに携わる方、これから立ち上げようとされている方、事業成長へと臨んでいる多くの方の参考になれば、これにまさる幸せはありません。

筆者を代表して　原 秀一

想定読者と本書の使い方

本書では、次の方々を読者として想定しています。

- **インサイドセールスをこれから立ち上げる方**
- **営業力強化に取り組んでいる方**
- **インサイドセールスに取り組んでいるものの、成果が出ていない方**
- **新規事業および事業再生の責任者・担当者**
- **プロダクトが伸び悩んでいる起業家・プロダクトマネージャー**

本書はインサイドセールスの立ち上げから組織強化に至るまで、大きく4つのフェーズを想定しているため、それぞれのフェーズでやるべきことを解説する構成となっています。

巻末には付録として組織フェーズ別のチェックリストも掲載しています。自社の状況と照らしあわせながら活用してください。

なお、本書ではインサイドセールスの最も一般的な形態であるSDR（Sales Development Representative）を立ち上げ、その後BDR（Business Development Representative）にも着手するという順番を想定して解説しています。

必ずしもこれに当てはまらない場合もあり、またこの順番で取り組むことが正解というわけではありません。

本書の内容はあくまでもインサイドセールスとして活動するうえでの1つの指針として参考にしていただければ幸いです。

Contents

はじめに ———————————————————————— 2

想定読者と本書の使い方 ————————————————— 5

第 1 章 なぜいまインサイドセールスなのか

14

1-1	インサイドセールスとは何か	16
1-2	インサイドセールスの役割	18
1-3	インサイドセールスが求められる理由	20
1-4	自社にインサイドセールスは必要か	22

第 2 章 インサイドセールスの現場では何をしているのか

26

2-1	インサイドセールス業務の全体像	28
2-2	リード評価	29
2-3	リード管理	30
2-4	アプローチ	31
2-5	リード育成	32

第 3 章

立ち上げ前に考えておきたいこと 36

3-1	社内でのコミュニケーションのとり方	38
3-2	マーケティング戦略を明確にする	40
3-3	ペルソナを作成する	41
3-4	バリュープロポジションを定義する	45
3-5	コミュニケーションの階段設計	48
3-6	自社にあうインサイドセールスの形態を見極める	50
3-7	SDRとは何か	52
3-8	BDRとは何か	54
3-9	SDRとBDRの違い	56
3-10	オンラインセールスとは何か	58
3-11	責任者にはどのような人が最適か	59
3-12	フィールドセールスに本音をいえているか	60
3-13	インサイドセールス組織における4つのフェーズ	63

第 4 章

活動指針をつくる「立ち上げ期」 64

4-1	立ち上げ期の全体像	66
4-2	他部門とミーティングを設定する	68
4-3	リードの評価基準を決定する	72
4-4	リードの管理ルールを決定する	75
4-5	商談化の基準を決定する	77
4-6	失注リードのフォロールールを決定する	83
4-7	KPIを決定する	86
4-8	アプローチのルールを決定する	92
4-9	ツールを導入する	100
4-10	トークスクリプトを作成する	105
4-11	メールテンプレートを作成する	112
4-12	見込み顧客にアプローチする	125
4-13	リード育成の施策を決定する	132

第 **5** 章

チームを強くする「成長期」 140

5-1	成長期の全体像	142
5-2	チームのダッシュボードを作成する	142
5-3	評価制度を設計する	147
5-4	リードに優先順位をつける	149
5-5	ロープレを実施する	154
5-6	切り返しトーク集をつくる	157
5-7	競合を調査する	158
5-8	導入事例を調査する	161
5-9	活動スケジュールを決める	162
5-10	商談化の基準を見直す	164
5-11	KPIを見直す	166
5-12	インサイドセールスの理想の姿を定義する	167

第 6 章

成果を加速させる「拡大期」 170

6-1	拡大期の全体像	172
6-2	チームを増やす	174
6-3	アウトソーシングの活用を検討する	176
6-4	採用・育成を強化する	181

第 7 章

売上を最大化させる「成熟期」 188

7-1	成熟期の全体像	190
7-2	BDRの立ち上げを検討する	192
7-3	ターゲット企業を選定する	194
7-4	ターゲット企業の組織構造を把握する	196
7-5	アプローチ方法を決定する	202
7-6	BDRのKPIを決定する	203
7-7	ターゲットと新規で接点をつくる	207
7-8	アウトバウンドコールをかける	208

7-9	CxOレターを送付する	212
7-10	リファラルを活用する	216
7-11	ターゲット企業内で接点を広げる	218

第 8 章

8社の事例から探る インサイドセールスの最適解

222

成長期の事例1 ：株式会社Another works

成功パターンを型化し、複業人材が活躍できる体制を構築 ——— 224

成長期の事例2 ：SecureNavi株式会社

試行錯誤の末に独自の業務フローを確立 ——— 231

成長期の事例3 ：株式会社SalesNow

自社プロダクトの企業DBを活用し、
効率的かつ的確な顧客アプローチを実現 ——— 240

拡大期の事例1：株式会社hacomono

業界特化ゆえの対象顧客の少なさを多彩なアプローチでカバー ── 248

拡大期の事例2：株式会社Leaner Technologies

顧客起点で考えるBDRアプローチ術 ── 259

成熟期の事例1：株式会社IVRy

メール・電話に頼らない「テックタッチ」での商談獲得に注力 ── 269

成熟期の事例2：株式会社コンカー

自社カルチャーを組織に浸透させることで属人化を解消 ── 278

成熟期の事例3：株式会社SmartHR

120名超のメンバーが機能する理想のチーム編成をつねに追求 ── 287

付録1 組織フェーズ別チェックリスト ── 298
付録2 用語解説 ── 308
会員特典データのご案内 ── 316
本書内容に関するお問い合わせについて ── 317
監修者・著者紹介 ── 318

第 1 章

なぜいま
インサイドセールス
なのか

インサイドセールスが広く認知されるようになってか
ら、早10年以上。

これまでに多くの企業がインサイドセールスに取り組
み、成功を収めた例もあれば、思うような成果を得られ
なかった例もあります。

成果を得られなかった企業に多く見られるのは、イン
サイドセールスの定義や役割といった基本的な前提知識を
十分に理解しないまま取り組んでしまっているパターン
です。

また、近年のインサイドセールスは従来の役割だけにと
どまらない、多様な役割が求められるようになっていま
す。

これまでインサイドセールスに取り組んできた方でも、
改めてインサイドセールスの役割や目的については見つ
め直す必要があるのです。

本章では、インサイドセールスに取り組むうえで、押さ
えておくべき基礎知識を解説します。

1-1 インサイドセールスとは何か

1-1-1　非対面の営業活動

　インサイドセールスとは、**オフィスにいながらメールや電話、オンライン商談ツールなどを使って行う非対面の営業活動のこと**です。分業体制のセールスプロセスにおいて、購買につながる可能性の高い「有効な商談」を創出し、売上に貢献するために取り組みます（図1-1）。

■ 図1-1　インサイドセールスは購買につながる可能性の高い「有効な商談」を創出する

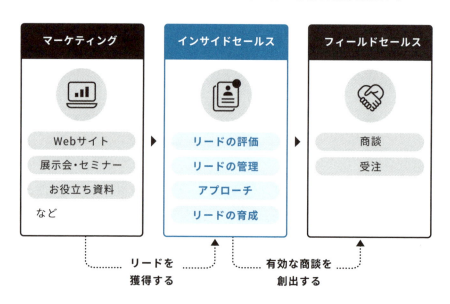

　では、分業体制のセールスプロセスとは、どのような状態なのでしょうか。

1-1-2　The Model

　基本となるのは、2019年に出版された福田康隆氏の著書『THE MODEL』（翔泳社）で紹介された The Model（ザ・モデル）です（図1-2）。

　The Model とは、SFA（Sales Force Automation：営業支援システム）で知られる米国のセールスフォースが採用した分業型の営業プロセスのことです。営業プロセスを次の4つに分け、各プロセスをつなぐ厳格なルールが決められているのが特徴です。

- マーケティング
- インサイドセールス
- フィールドセールス
- カスタマーサクセス

■ 図1-2　The Modelの仕組み

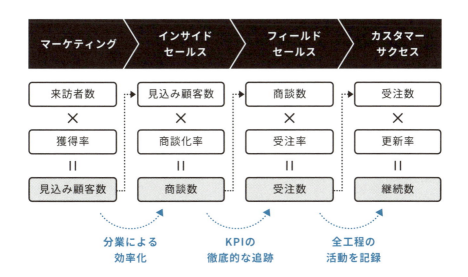

各部門の行動はSFAやMA（Marketing Automation：マーケティング自動化ツール）などのシステムによって可視化・管理されるため効率的な営業活動が可能となります。

1-2

インサイドセールスの役割

1-2-1　有効な商談を創出する

　分業体制のセールスプロセスにおけるインサイドセールスの役割は、**有効な商談の創出**です。

　図1-3は、インサイドセールスを中心に、前後で連携する各部門の役割とリードの流れを可視化したものです。リードとは、見込み顧客の情報、または見込み顧客そのものを指します。たとえばWebサイト上で、企業名や名前、メールアドレスなどの個人情報を入力し、資料をダウンロードした人がいたとします。その情報がリードとなります。

■ 図1-3　分業体制のセールスプロセスにおけるインサイドセールスの役割およびリードの流れ

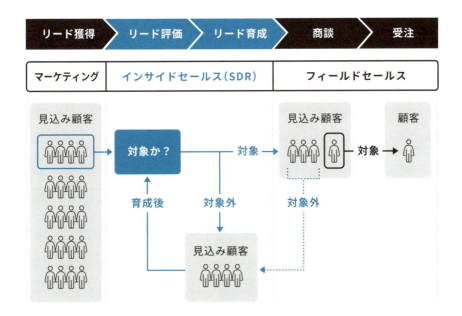

　マーケティング部門がさまざまな施策で獲得したリードは、インサイドセールスに渡されます。インサイドセールスは、そのなかから自社のターゲットとなるリードや検討意欲の高そうなリードを見極め、メールや電話などでアプローチを行い、商談を設定します。

　商談はフィールドセールスが担当するため、フィールドセールスが提案しやすいように、抱えている課題やニーズ、予算など必要なリード情報を事前に聞き出しておくこともインサイドセールスの役割です。

　現時点では商談やデモを望まない「潜在層」とよばれるリードや、商談化しなかったリードに対しては、興味関心や課題の変化を受けとれるようにデータを蓄積し、中長期で最適なコンテンツを提供し続け、商談創出につなげます。これを「リード育成（リードナーチャリング）」とよびます。

以上のように、**有効な商談を創出するために、リードの評価、管理、ア
プローチ、育成を行うのがインサイドセールスの役割**となります。

1-3

インサイドセールスが求められる理由

1-3-1 リードの放置を防ぐ

従来の営業活動では、見込み顧客リストの作成から、商談獲得、受注ま
でのプロセスを1人の営業担当者が担っていました。場合によっては契約
締結や導入後のサポートまで担っていることもありました。

そのため、たとえば展示会で数百のリードを獲得したとしても、多くの
リードが適切にフォローされないまま放置されるようなことも珍しくはな
かったのです。

さらに近年はデジタルマーケティングが一般的になり、毎月大量のリー
ドを獲得することも増えています。そうなると、すべてのリードに営業担
当者が訪問するのは現実的ではありません。営業担当者はできるだけ受注
につながる可能性が高いリードを優先し、商談を行わざるをえなくなります。

どんなにマーケティング投資を行ってリードが増え続けても、対応しき
れないリードは放置されてしまうのです（図1-4）。

インサイドセールスを導入することで、**購買意欲があるにもかかわらず
放置されてしまうリードをなくす**ことができます。また、営業がインサイ
ドセールスとフィールドセールスという2つの役割に分かれることで、
リードの見極めが洗練され、**より確度の高いリードに対してフィールド**

■ 図1-4　インサイドセールスがないと放置されるリードが発生する

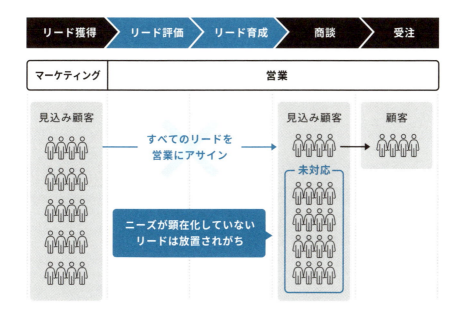

セールスのリソースをかけられるようになります。

　加えて、インサイドセールスは見込み顧客と中長期でコミュニケーションをとり、信頼関係を築くことができます。コロナ禍のような外部環境の変化をはじめ、社内の人事異動や課題の変化など、見込み顧客の購買意欲が高まるきっかけはさまざまです。見込み顧客の購買意欲が高まったタイミングで自社を想起してもらうためにも、インサイドセールスが見込み顧客に必要な情報を提供し続ける必要があるのです。

1-3-2　歩留まりを改善するアプローチ

　筆者の感覚では、「受注率を向上させるためにインサイドセールスを立ち上げたい」という相談が近年増えています。商談数は多いものの、口頭

発注後の歩留まりが低く、契約まで進まないという悩みです。たとえば、経営者でないと意思決定ができないサービスを提供している企業で、「経営者からの口頭発注はいただいたものの、経営者の優先度が下がりリードタイムが伸びてしまって先に進まない。インサイドセールスにプッシュしてほしい」といった内容です。

　このような場合、インサイドセールスは見込み顧客に対して、次のようなアプローチを行うことで歩留まりを改善します。

- 懸念点をヒアリングし解消する
- 契約締結のフローを説明する
- セットアップ作業を電話・メールで案内する
- トライアルを打診する

　ITやSaaS、ベンチャー企業中心だったインサイドセールスは、さまざまな業界業種や規模の企業で取り入れられるようになり、求められる役割も広がってきています。今後さらに、インサイドセールスの役割が多様化していくことが考えられるでしょう。

1-4
自社にインサイドセールスは必要か

1-4-1 「売上の最大化」が目的

　では、どういう状態ならインサイドセールスを立ち上げるべきでしょう

か。判断の基準は**インサイドセールスの立ち上げによって売上が増えるか**どうかです。

インサイドセールスを立ち上げる目的を「分業による業務効率化」に置いてしまうケースをよく見かけますが、のちに「分業はできたが受注は増えていない」という課題を抱える企業が多いのも事実です。

インサイドセールスを立ち上げる目的は「売上の最大化」であることを前提におきましょう。

そのうえで、自社に次の①から④に当てはまる状況が1つでもあれば、インサイドセールスを立ち上げましょう。

① **営業が商談対応に追われ、過去の資料請求や問い合わせに対してフォローしきれていない**
② **ターゲットが限定的であり、アウトバウンドが有効である**
③ **メール・電話・オンライン商談のみで受注可能な製品・サービスを扱っており、幅広い顧客がいる**
④ **アップセル・クロスセルできる製品・サービスを扱っており、既存顧客からの売上拡大を狙える**

1-4-2 ①営業が商談対応に追われ、過去の資料請求や問い合わせに対してフォローしきれていない

毎月コンスタントにリードが発生している（目安は30～50件以上）、かつ定期的なプロモーション施策を実行しているが営業に放置されているリードがある場合は、インサイドセールスがフォローすることで売上に貢献できます。

マーケティング部門が獲得したリードに対して、メールや電話などでアプローチして商談を創出するインサイドセールスを **SDR**(Sales Development

Representative）といいます。

「どの程度のハウスリストがあれば、インサイドセールスを立ち上げても よいか」という質問をよく受けますが、重要なのは**「ハウスリストが全部 で何件か」ではなく「適切な顧客データが十分にそろっているか」**です。

たとえば、何年前のものかわからないような名刺が1,000枚あったとして も、インサイドセールスがアプローチをして、商談・受注につながる可 能性はかなり低いと考えられます。

最低限、**いつどのチャネルで獲得したリードなのか、そのリードは直近 でなんらかのアクションをしているか**などがわかる状態でないと、インサ イドセールスを立ち上げたとしても効果的なアプローチを行えません。適 切な顧客データがそろっていないのであれば、まずは顧客のデータを管理 する体制を整えましょう。

ちなみに、筆者の経験上、リード発生から3年以上すぎて何の動きもな いリードは、アプローチ対象から外したほうがよいと考えています。

1-4-3　②ターゲットが限定的であり、アウトバウンドが有効である

取り扱う製品・サービスが特定業界向けのもの、かつプロモーション施 策ではなかなか顧客を獲得できない場合や、ターゲットが「従業員数2,000 名以上の東証プライム上場企業、かつDX部門の部長」など限定的である 場合は、アウトバウンド型のインサイドセールスである**BDR**（Business Development Representative）が有効です。

BDRについては、第3章でくわしく説明します。

1-4-4　③メール・電話・オンライン商談のみで受注可能な製品・ サービスを扱っており、幅広い顧客がいる

大企業から中小・ベンチャー企業まで幅広い対象顧客がいる状態で、か

つメールや電話、オンライン商談のみでも受注可能な製品・サービスを販売する場合は、**オンラインセールス**の立ち上げが有効です。

オンラインセールスは、とくに低価格の製品・サービスやサブスクリプションサービス（定額制サービス）など、顧客にとって導入ハードルが低い製品・サービスにフィットする形態です。たとえば、PCやスマートフォン、オフィス家具、法人向けカードなどが該当します。

オンラインセールスでは、商談創出だけではなく受注までを担当しますが、見込み顧客に必要な情報を、必要なタイミングで提供することはSDR、BDRと同じです。アプローチのルール設計やトークスクリプトの作成など、SDRやBDRで必要な要素はオンラインセールスでも活用できます。

1-4-5 ④アップセル・クロスセルできる製品・サービスを扱っており、既存顧客からの売上拡大を狙える

アップセル・クロスセルの可能性がある製品・サービスがあり、深耕営業を仕掛けるだけの既存顧客数を持つ場合にも、インサイドセールスが有効です。従来の既存顧客向けの営業はルート営業を主体としており、顕在化されたニーズしかつかめず、新サービスのニーズ調査や別部門に向けた提案を積極的に行う活動ができていないことがほとんどです。

また、既存顧客の対応はカスタマーサクセスが担当する場合が多いですが、顧客の潜在的なニーズを発掘し、アップセル・クロスセルを促進させる役割は能動的に活動できるインサイドセールスが担当したほうが成果につながりやすいでしょう。

現時点では、既存顧客を専門とするインサイドセールスはまだ一般的ではありませんが、徐々に取り組む企業が増えてきています。

第 **2** 章

インサイドセールスの
現場では
何をしているのか

インサイドセールスの業務といえば、ひたすら見込み顧客に架電をするといった、テレアポに近いイメージを持っている方もいるかもしれません。しかし、見込み顧客への架電は業務の一部にすぎません。

架電する以前に、見込み顧客の見極めや管理を適切に行うことができるかどうかが、インサイドセールスの成果に大きく影響します。

また、見込み顧客に対しては、一度アプローチして終わりではなく、継続的に関係を構築していくこともインサイドセールスの役目です。

そのためにはマーケティング部門やフィールドセールスとの連携はもちろん、顧客データの分析などを通じて戦略的な活動が求められます。

本章では、インサイドセールスの現場で実際にどのような業務が行われているのかという基本的な流れについて解説します。

2-1

インサイドセールス業務の全体像

2-1-1　インサイドセールスの4つの業務

　インサイドセールスの業務は大きく分けて4つあります。業務の順番に沿うと、次のような流れになります。

- **リード評価**
- **リード管理**
- **アプローチ**
- **リード育成**

　見込み顧客へアプローチする前に、いかにして見込み顧客の見極めを行うか、適切に管理するかがインサイドセールスの成果にかかわってきます。

　また、アプローチ後も良好な関係を持続させるための業務もあります。

　それぞれの業務の概要を見ていきましょう。

2-2

リード評価

2-2-1　有効リードと商談化の基準

　リード評価とは、**マーケティング部門が獲得したリードのなかからアプローチ対象となるリードを見極め、優先順位をつけること**です。

　インサイドセールスが活動するにあたっては、アプローチ対象とする「有効リード」と、その有効リードをフィールドセールスへ引き渡す「商談化の基準」を定義しましょう。

　これらを定義していなかったり、その定義が曖昧だったりすると、リードの優先順位づけが不明確になり、結果として営業組織全体の生産性が低下してしまいます。

　有効リードと商談化の基準はそれぞれインサイドセールスと隣接するマーケティング部門、フィールドセールスと相談して決定しましょう。

2-2-2　リードの優先順位

　リードの優先順位は**リードの属性と行動の2つの軸から判断**します。

　リードの属性は企業属性と個人属性に分けられます。企業属性とは企業の従業員規模や業種・業態、提供サービス、エリアのことであり、個人属性とは個人の役職や在籍する部門のことです。属性に関しては**自社が狙うターゲットに合致しているかどうか**が重要な判断基準となります。

　一方のリードの行動とは、自社セミナーへの参加や資料請求、問い合わせ、過去の商談履歴などのことです。自社コンテンツに対する行動だけで

なく、直近の展示会出展やプレスリリースの配信、求人広告の掲載などの行動を取得することも見込み顧客の状況やニーズを理解するためには欠かせません。

なお、行動に関しては**自社を認知しているか**が重要な判断基準となります。たとえば、業界カンファレンスへの参加などは、カンファレンスのテーマに関する興味関心が高いことが推測されますが、自社を認知していないのであれば、優先順位は高くありません。

これらの属性と行動をもとに、さまざまなリードのなかから、自社が狙うターゲットであり、検討意欲が高い見込み顧客を抽出することで、かぎられたリソースでも商談数を増やすことができます。

ただし、活動初期などリード数があまり多くないフェーズでは、検討意欲にかかわらず**自社のターゲットであれば優先順位をつけずにアプローチしましょう。**

このフェーズでは、幅広いリードにアプローチしてメールや電話で聞き出せた属性・行動情報を蓄積していくことで、それが有効リードなのか、無効リード（アプローチすべきでないリード）なのかを判断できるようになり、その後の効率的な優先順位づけが可能となります。

2-3

リード管理

2-3-1　ステータスやアプローチ履歴を把握

ここでいう管理とは、**リードのステータスやアプローチ履歴を把握する**

ことです。どのようなアプローチを実施し、結果はどうだったのかを記録しておくことで、次のアプローチ方針が立てやすくなります。

インサイドセールスが管理するのは、新規のリードと育成対象のリードの2種類です。Webサイトで製品・サービスの資料請求をしただけの人、情報収集目的でセミナーに参加した人、一度商談をしたが発注しなかった人など、購買に対する意欲はさまざまです。見込み顧客の状況にあわせて、効果的なアプローチができるようにしましょう。

なお、リードの管理にはSFAや、電話・FAXをSFAと連携させるCTI（Computer Telephony Integration）を活用すると効率的です。SFAおよびCTIの導入方法については、第4章でくわしく説明します。

2-4

アプローチ

2-4-1　見込み顧客への接触

見込み顧客に対して、メールや電話、MAなどの各種ツールを用いて接触を図るのがアプローチです。

アプローチにおいて重要なのは、見込み顧客の課題やニーズに沿ったコミュニケーションをとることです。見込み顧客の業界や市場の動向に加え、顧客企業内部の人事異動や予算編成などによっても、製品・サービスの検討状況は変化します。

アプローチするにあたっては、事前にできるかぎり見込み顧客についての情報をインプットし、不特定多数に対するコミュニケーションではな

く、**一対一のコミュニケーション**を心掛けましょう。「なぜいまなのか」「なぜあなたに連絡をしたのか」を明確に話せるかどうかで、見込み顧客の反応は大きく変わってきます。

とはいえ、アプローチのたびに話す内容を考えていては、効率的ではなく、獲得できる商談数も増えません。**基本となるトークスクリプトや運用ルールをつくったうえで**、適宜カスタマイズしながらアプローチしていきましょう。

2-5

リード育成

2-5-1　見込み顧客の検討意欲の育成は現実的には困難

リード育成とは、獲得したリードに対して継続的にコミュニケーションをとることで、商談・受注につなげる活動です。

一度問い合わせたが商談には至らなかったリードや、商談したが失注してしまったリード、利用していたが解約してしまったリードなどが対象となります。

「育成」という言葉が入ってはいますが、現実的に見込み顧客の検討意欲を育成することは困難だと考えたほうがよいでしょう。見込み顧客へアプローチを行うと、そのタイミングで検討意欲が高まることはありますが、アプローチを続けることで検討意欲を右肩上がりに高められるわけではないからです（図2-1）。

■ 図2-1 見込み顧客の検討意欲が高まるタイミング

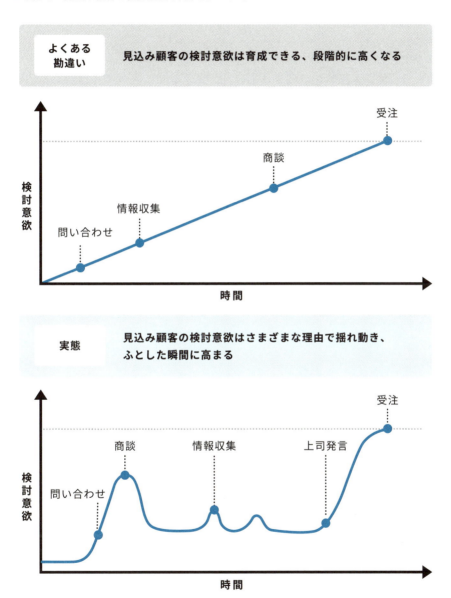

2-5-2 「育成」ではなく「発見」

大事なのは、検討意欲が高まった見込み顧客を見逃さないこと。リード育成は**「見込み顧客を育成すること」と考えるよりも、「検討意欲の高い見込み顧客を発見すること」**ととらえるとよいでしょう（図2-2）。

検討意欲が高まった見込み顧客を発見するためには、継続的にコンテンツを提供する必要があります。お役立ち資料（ホワイトペーパー）やセミナーの案内を送るだけでなく、見込み顧客の業務に関連する調査レポートや業界の最新動向を提供し、自社が信頼できる企業と認識してもらえるよう工夫しましょう。

見込み顧客と継続的にコミュニケーションをとることで、検討意欲が上がったタイミングで、自社を一番に想起し、問い合わせをしてくれる可能性が高まります。

先述したような直近の展示会出展の有無や、プレスリリースの配信情報（資金調達、M&A、新サービスのリリース、新店舗の開設など）を把握することも、検討意欲の高い見込み顧客を見つけるためには有効です。

■ 図2-2　リード育成とは検討意欲が高い見込み顧客を発見すること

第 3 章

立ち上げ前に
考えておきたいこと

成果が出ないインサイドセールスは、その原因を日々の
業務内容に求めてしまいがちです。しかし、実際にはイ
ンサイドセールスを立ち上げる前の準備が十分でなかっ
た場合が少なくありません。

インサイドセールスを立ち上げるにあたっては、その前
工程として体制構築や戦略設計が欠かせません。

具体的には、マーケティング部門やフィールドセールス
との連携体制の構築、マーケティング戦略の策定、部門
責任者のアサインなどです。

本章では、インサイドセールスを立ち上げる前に考えて
おきたいことについて解説します。

3-1

社内でのコミュニケーションのとり方

3-1-1　部門間で共通のルールをつくる

　インサイドセールスを立ち上げる前に、**社内でどのようにコミュニケーションをとっていくのか**は考えておきたいポイントです。

　インサイドセールスは、マーケティング部門とフィールドセールスの間に立ち、潤滑油として機能しなければなりません。

　マーケティング部門とフィールドセールス、どちらか一方でもうまくコミュニケーションがとれていないと、営業活動全体に悪影響を与えてしまいます。

　たとえば、マーケティング部門が「重要なリード」と判断する基準をインサイドセールスが知らなければ、重要なリードへのアプローチはあと回しになってしまうでしょう。

　フィールドセールスが「有効商談」と判断する基準をインサイドセールスが知らなければ、受注率は上がらないでしょう。部門間の連携がうまくいっていない組織では、実際にこういった問題が起きてしまいます。

　まずは**部門間でそれぞれの役割や担当範囲を明確にし、共通のルールをつくるためのコミュニケーション**をとるようにしましょう。

　部門間のコミュニケーションがうまくいっている会社では、業務にかかわる全部門の責任者が参加する定例ミーティングやランチ会を実施したり、お互いが積極的にデスクに訪れて直接会話したりするなど、日々工夫しています。

　たとえばソフトバンクでは、マーケティング部門、インサイドセールス、

フィールドセールスの仕事を相互に理解できるような取り組みを実施しています。

> たとえば、部門をまたいでミーティングを行ったり、フィールドセールスからインサイドセールスへ人材の配置換えを行ったり、フィールドセールスの商談にインサイドセールスが同行したりといった取り組みです。こうして実体験を得ながら少しずつお互いを理解し、連携を深めていきました。
>
> ※出典：Saleszine「インサイドセールス立ち上げから、AI活用まで──ソフトバンクに学ぶ「顧客主語」の組織改革」（https://saleszine.jp/article/detail/5623）

3-1-2　仕組みと必要性を理解してもらう

場合によっては、インサイドセールスの仕組みそのものを理解してもらうために、社内でコミュニケーションをとらなければならないこともあります。

これまで訪問営業によって実績を上げてきた企業では、オンラインでの営業活動やリード評価の考え方に抵抗があるという人も少なくないからです。

実際、富士通がインサイドセールスを立ち上げる際にも、同様の課題があったそうです。

> 新しい見込み顧客との接点をつくり、営業に相談しても「お願いしていないので大丈夫」「手が空けば対応します」と言われる経験もしたという。新しい組織ゆえに「得体が知れない」と理解が得られないこ

ともあった。

※出典：Saleszine「組織改革の"起点"となる Visible な組織へ　富士通のセールス・イネーブルメント実践」（https://saleszine.jp/article/detail/5612）

　こうした課題には、地道にコミュニケーションを重ねることで相互理解を深めることが遠いようで一番の近道です。

　さらに、**経営層やそれに近い役職者へのコミットも欠かせません**。経営会議で説明したり、推進状況を頻度高くマネジメント層と共有し、全社の売上を伸ばすために必要な取り組みであると周知していきましょう。

　筆者はさまざまな企業のインサイドセールスの立ち上げを支援していますが、インサイドセールスの存在がすぐに受け入れてもらえる場合ばかりではありません。

　丁寧なコミュニケーションを行うことを前提に、立ち上げを進めましょう。

3 - 2

マーケティング戦略を明確にする

　インサイドセールスを立ち上げる前には、自社のマーケティング戦略を明確にしておく必要があります。

　マーケティング戦略とは、誰に（Who）、どんな価値を（What）、どのように届けるか（How）をまとめたものです。

- **誰に（Who）**：顧客の集合体である「市場」には、さまざまな課題や

ニーズを持った顧客が存在するため、そのなかで自社が注力すべき顧客像を明らかにする

- **どんな価値を（What）**：自社が提供する製品・サービスの価値は何なのか、独自の強みはどこにあるのかを言語化する
- **どのように届けるか（How）**：見込み顧客とのタッチポイントとなるチャネルを特定し、コミュニケーションの階段設計を行う

マーケティング戦略が明確であればあるほど、インサイドセールスが優先すべきリードも明確になり、アプローチの際に見込み顧客に刺さる訴求がわかります。

もし、マーケティング戦略をまだ作成していない、もしくは部門間で共有できていない状況にあるなら、まずはマーケティング戦略を策定、共有することから着手しましょう。

マーケティング戦略のなかでも、とくにインサイドセールスの業務にかかわるのは**ペルソナ、バリュープロポジション、コミュニケーションの階段設計**の3つです。

3-3

ペルソナを作成する

ペルソナとは、自社が提供する製品・サービスを活用してくれるであろう、最も重要で象徴的なユーザー像のことです。「ターゲット」とは異なり、より具体的で詳細な顧客像を描くのがポイントとなります。

インサイドセールスは見込み顧客の業種や企業規模、役職、解決したい課題などについて理解を深めることで、見込み顧客がほしい情報を適切な

タイミングで提供できるようになります（図3-1）。

■ 図3-1　顧客解像度が低い状態と高い状態

顧客理解・解像度が低い　　　　　　　　顧客理解・解像度が高い

- 顧客に案内できる**情報の質が低い**
- 適切なタイミングで**提案できない**

- 顧客に案内できる**情報の質が高い**
- 適切なタイミングで**提案できる**

　ペルソナは、4つのステップで作成しましょう（図3-2）。

　また、ペルソナは1つではなく、いくつかのパターンを設定することが一般的です（図3-3）。Web上にペルソナ作成に使えるテンプレートを公開しているのでご活用ください（https://sairu.co.jp/method/15684/）。

■ 図3-2 ペルソナを作成する4つのステップ

STEP 1 定量・定性の両面から、顧客情報を収集する

- **顧客データの分析**：CRM（顧客管理システム）やSFA（営業支援システム）の既存顧客データを分析する。受注率やLTV（顧客生涯価値）が高い顧客や解約率が低い顧客をピックアップし、それぞれの要因を深掘りする
- **ユーザーインタビュー**：既存顧客や見込み顧客にインタビューを実施し、購買の決定要因や情報収集チャネルについて深掘りする
- **営業インタビュー**：実際に顧客を担当する営業パーソンからも、ヒアリングを行い、顧客について理解する

STEP 2 セグメントを分け、なかでも注力する顧客を決定する

STEP1で得た顧客の情報から、顧客の傾向を割り出し、なかでも自社が注力すべきセグメントを決定する

- 受注率が高いセグメント
- LTVが高いセグメント
- 解約率が低いセグメント　など

STEP 3 セグメントのたしからしさを検証する

ユーザーインタビューやユーザーテストなどで、選んだセグメントの顧客が、「本当に自社の製品・サービスに価値を感じており、課題を解決できるのか」を検証する

STEP 4 顧客の人物像を描きだす

これまで収集した情報をもとに、自社のターゲット顧客の人物像を描く

- 業種
- 役職
- 自社製品・サービスが提供できる価値
- 企業規模
- 抱えている課題　など

第3章 立ち上げ前に考えておきたいこと

■ 図3-3　ペルソナの一例

	ペルソナ A	ペルソナ B	ペルソナ C
ニーズ	○○に向けて成長を加速	次の成長に向けた戦略・計画立案	○○改善に向けた戦略・計画立案
課題	○○の課題がある	○○の課題がある	○○の課題がある
優先度	高	高	中
営業難易度	高	中	中
企業例	○○社、○○社	○○社、○○社	○○社、○○社
LTV	1,000万円	600万円	400万円
業種	IT、製造業	IT、人材紹介	IT
企業規模	従業員50名以上	従業員50名以上	従業員10名以上
役職	代表取締役社長	代表取締役社長、取締役	代表取締役社長、取締役
情報収集チャネル	経営者コミュニティ	セミナー、Facebook	セミナー
タッチポイント	紹介、書籍、郵送DM	紹介、セミナー、Facebook広告	紹介、セミナー
やること	クローズド勉強会CxOレターの送付	○○の導入と運用セミナーの開催	○○の導入と運用セミナーの開催

3-4 バリュープロポジションを定義する

3-4-1 顧客に提供できる独自の価値

バリュープロポジション（value proposition）とは、企業が顧客に提供する価値を表したものです（図3-4）。才流では、「自社が提供でき、競合他社が提供できず、顧客が望んでいる提供価値」と定義しています。

■ 図3-4　バリュープロポジション

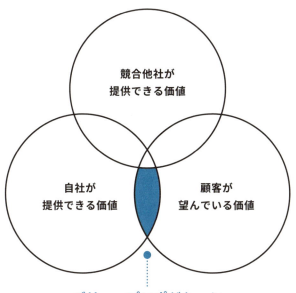

バリュープロポジションを定義することで、見込み顧客に対して製品・サービスの価値を効果的に訴求できるようになり、トークスクリプトやコンテンツの作成に役立ちます。

3-4-2　バリュープロポジションの作成手順

バリュープロポジションで最も重要なのは、顧客が望んでいる価値をとらえることです。

「自社の製品のここが素晴らしい」「この機能が喜んでもらえるはずだ」という自社の思いで作成せず、顧客の発言や行動から得られた事実をもとに考えます。

バリュープロポジションを作成する際は、次の順番を意識しましょう（図3-5）。

　①顧客が望んでいる価値
　②自社が提供できる価値
　③競合他社が提供できない価値

この順番でバリュープロポジションを作成することで、顧客が求める独自価値を反映した、トークスクリプトやコンテンツをつくることができます。

Web上にバリュープロポジションをつくるためのテンプレートを公開しているのでご活用ください（https://sairu.co.jp/method/10557/）。

■ 図3-5　バリュープロポジションの作成例

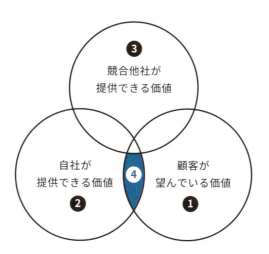

❶ 記入例
- DXの成功体験をつくりたい
- 問い合わせ対応工数の削減/解決速度の向上
- 運用部門が簡単にメンテナンスできる使い勝手のよさ

❷ 記入例
- 現場決済で済むほどの低価格
- 最短2日の導入期間
- ノーリスクな30日のトライアル
- 使い慣れたExcelで顧客のQ&Aデータ管理
- Webサイトへの設置が容易

❸ 記入例
- コールセンターシステム連携
- 多言語対応
- 複数部門管理機能

❹ 記入例　バリュープロポジション：導入に社内負担が少なく、最短でDXの成功体験をつくり出す取り組みができる

3-5

コミュニケーションの階段設計

3-5-1 商談までのなめらかな階段を設計する

コミュニケーションの階段設計とは、見込み顧客の製品・サービスに対する検討意欲に応じて最適なコンテンツや機会を提供することで、自社と見込み顧客の関係性を構築する手法です（図3-6）。

インサイドセールスの対象となる見込み顧客の検討段階はさまざまです。たとえば「Webサイトに訪問した見込み顧客」と一口にいっても、社名を検索して訪問した人と、偶然SNSで目にした自社の記事に興味を持って訪問した人とでは、持っている情報や知りたいことが違います。

社名を検索して訪問した人は、自社や製品・サービスについてもっと知るために訪問した可能性が高く、偶然記事を読んだ人ははじめて自社や製品・サービスを認知した可能性が高いでしょう。

両者に同じアプローチをしても、当然ながら後者はいきなり商談をしたいとは思っていません。検討意欲の低い見込み顧客に的外れなアプローチをすると、受注につながるどころか、見込み顧客にとっては迷惑になってしまうでしょう。

そこで必要となるのが、見込み顧客の検討段階にあわせたコミュニケーションの階段設計です。

自社を認知したばかりの見込み顧客には、製品・サービスに対する理解を深めるためのコンテンツを提供し、次のステップに上ってもらう。検討段階が高い見込み顧客に対しては、デモや少人数の勉強会などで、より具体的な利用イメージを持ってもらうことで商談に進んでもらう。

このように、次のステップを上る後押しをするように、見込み顧客の検討意欲に応じたコンテンツを階段状に設計するのです。

■ 図3-6 コミュニケーションの階段設計

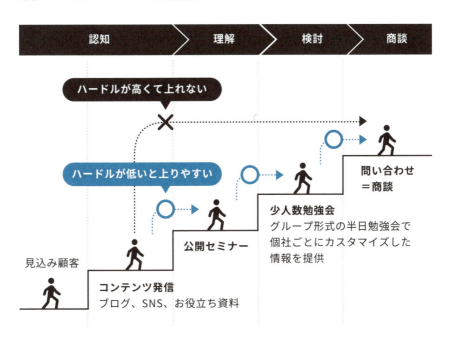

3-5-2 先のアクションも決めておく

　コミュニケーションの階段を設計する際は、各ステップに必要なコンテンツを整理するだけでなく、見込み顧客が次のステップに進んだ際の自社側のアクションも決めておきましょう。そうすることで、見込み顧客の期待に応じたスムーズなコミュニケーションが可能になります。

　1つ注意してほしいのがコミュニケーションの階段設計において、**見込み顧客はこの階段を1段ずつ着実に上っていくわけではない**ということで

す。先述したように、筆者は見込み顧客を育成することは現実的には困難であり、むしろ検討意欲が高い見込み顧客を発見することが重要であると考えています。

検討意欲の高い見込み顧客を発見するためには継続的に接点を持つ必要があり、その接点を見込み顧客にとってよりよい体験とするために、コミュニケーションの階段設計が必要になるのです。

つまり、コミュニケーションの階段設計は見込み顧客の検討段階を引き上げることが主な目的ではなく、検討意欲が高い見込み顧客を発見しやすくするためにつくるものであると理解してください。

3-6
自社にあうインサイドセールスの形態を見極める

3-6-1 3つの形態

インサイドセールスには次の3つの形態があります。

- **SDR**
- **BDR**
- **オンラインセールス**

自社に問い合わせをしてきた見込み顧客に対しアプローチするインバウンド型のSDR (Sales Development Representative)、自社がターゲットとして選定した見込み顧客に対しアプローチするアウトバウンド型のBDR (Business

Development Representative)、受注までを非対面で完結するオンラインセールスです（図3-7）。

■ 図3-7　インサイドセールスの形態および担当範囲

　自社に最適なインサイドセールスの形態を選ぶためには、自社のターゲットと、そのターゲットに適したアプローチ方法を正確に見極める必要があります。マーケティング戦略を作成する過程で、自社のターゲットやカスタマージャーニーなどが見えてくると、どの形態のインサイドセールスに取り組めばよいのかはおのずと見えてくるでしょう。
　一般的に不特定多数のリードを獲得して数多くの商談につなげたい場合はSDR、狙うべき企業や業種が明確に絞られている場合はBDRが有効だといわれます。また、士業やコンサルタント、商社などの中間プレイヤーをはさまないと接点が持てないような業種をターゲットとする場合も、まずはその中間プレイヤーに対してアプローチする必要があるため、BDRで初回の接点をつくるのが有効です。

3-6-2 カスタマーインサイドセールス

　図3-7にはありませんが、SDRとBDRだけでは売上目標に到達できない場合や、第1章でも説明したようにアップセル・クロスセルの促進に注力するために、既存顧客専任のインサイドセールスを置いている企業もあります。

　筆者はこれを**カスタマーインサイドセールス**とよんでいます。現状では、大規模にインサイドセールスを展開している組織での動きにとどまっていますが、こうした新しいインサイドセールスの概念も、今後は増えてくる可能性があります。

　インサイドセールスのそれぞれの形態についてくわしく見ていきましょう。

3-7

SDRとは何か

3-7-1 最も一般的な形態

　SDRとは**マーケティング部門が獲得したリードに対して、メールや電話などでアプローチして商談を創出する形態**です。すでに接点のある見込み顧客にアプローチする形態であることから「反響型」「インバウンド型」ともよばれます。

　日本においてインサイドセールスに取り組む企業の多くが、SDRを採用

しており、最も一般的な形態といってよいでしょう。

3-7-2　SDRの3つのミッション

　SDRのミッションは3つあります。1つ目は自社の製品・サービスで見込み顧客が課題を解決できるかを見極めること。2つ目は見込み顧客の属性や検討意欲によって適切なアプローチを行うこと。そして3つ目は有効商談を創出することです（図3-8）。

　有効商談の定義は会社によって異なりますが、一般的にはフィールドセールスが実際に商談した結果、受注につながる見込みがあると認定できた商談のことを指します。

　見込み顧客から課題をヒアリングでき、その課題が自社の製品・サービスで解決できる場合、そのリードは有効商談につながる可能性が高いといえます。

■ 図3-8　SDRのミッション

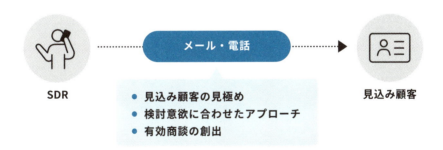

　また、**過去に獲得したリードや失注したリードを掘り起こし、再度アプローチして商談を創出することもSDRの重要な役割**です。

3-8

BDRとは何か

3-8-1　あらゆる手段で顧客との接点を開拓する

　BDRとは**リードの有無にかかわらず、自社の製品・サービスと相性のよい業界や企業を選定し、メールや電話、手紙などでアプローチして商談を創出する形態**です。顧客との接点構築から行うため、「開拓型」「アウトバウンド型」ともよばれます。

　BDRのミッションは、ターゲット顧客を定義してペルソナを作成し、戦略的なシナリオを立ててアプローチすることです（図3-9）。

　手段はメールや電話、手紙だけにかぎりません。つながりのある知人や既存顧客からの紹介など、**あらゆる手段を用いて顧客との接点を開拓する**のが特徴です。

■ 図3-9　BDRのミッション

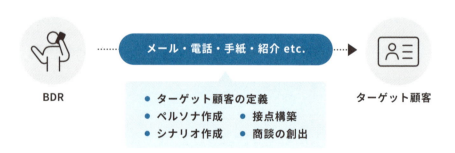

3-8-2 ABMを進めたい企業に向いている

BDRは狙うべき企業や業種が明確で絞られている場合に有効なため、**ABM（Account Based Marketing：アカウント・ベースド・マーケティング）を進めたい企業におすすめ**です。

ABMとはターゲットアカウント（企業）を個社の単位まで定め、アカウントからのLTV（Life Time Value：顧客生涯価値）最大化を目指すときに最適な戦略のことです。不特定多数から契約に至る企業を絞り込んでいくLBM（Lead Based Marketing：リード・ベースド・マーケティング）とは、アプローチが異なります（図3-10）。

■ 図3-10　ABMとLBMの違い

ABM	LBM
Account Based Marketing （アカウント・ベースド・マーケティング）	**Lead Based Marketing** （リード・ベースド・マーケティング）

ABM：特定／接触／商談／契約／深耕／大型契約・複数契約など（LTBの最大化）

LBM：認知／リード獲得／商談／契約

特定の企業と接点をつくり、広げていく

不特定多数から契約に至る企業を絞り込んでいく

第3章　立ち上げ前に考えておきたいこと

ABMは、既存顧客・新規顧客を問わず、営業部門とマーケティング部門を中心とした各部門連携のもとで、ターゲットアカウントごとにカスタマイズされた、マーケティングおよび営業活動を行うのが特徴です。

ABMにおいてインサイドセールスは、ターゲットアカウントの開拓方法を計画したアカウントプランに沿って、アプローチを行います。まずは、ターゲットアカウントに対して新規の接点をつくることが求められるため、BDRが適しているのです。

3-9

SDRとBDRの違い

3-9-1　特徴をふまえて選択する

インサイドセールスを導入する場合、はじめはSDRに取り組み、一定の成果を上げたあとにBDRに着手するというパターンが多いです。その背景にはインサイドセールスがSaaS企業を中心に導入が広がってきたという歴史があります。

SaaSプロダクトでは、まず中小企業をターゲットとし、事業拡大とともに大企業へアプローチを行うという成長路線がありました。ターゲットが中小企業である場合はSDR、大企業である場合はBDRと相性がよいとされているために、そのパターンが一般的になったと考えられます。

ただ、一概にターゲットが中小企業だからSDR、大企業だからBDRという決め方は正しくありません。SDRとBDRのそれぞれの特徴をふまえて、自社に適しているほうを選ぶようにしましょう（図3-11）。

■ 図3-11　SDRとBDRの特徴

	SDR	BDR
営業タイプ	反響型（インバウンド型）	新規開拓型（アウトバウンド型）
アプローチ対象	マーケティングにより獲得した見込み顧客	自社の商品・サービスと相性がよいと選定したターゲット顧客
アプローチ手段	架電（インバウンドコール）、メールなど	架電（アウトバウンドコール）、メール、手紙、リファラル（他者からの紹介）など
目的	● 商談の獲得 ● 有効商談の獲得	● 新規リードの獲得 ● 商談の獲得
KPI例	● アプローチ数 ● コネクト（着電）数・コネクト率 ● 有効会話数 ● 商談数・商談化率 ● 有効商談数・有効商談率	● ターゲットのリストアップ数 ● フォローアップ数 ● ターゲット接続数 ● パーミッション（有効リード）獲得率 ● 商談数・商談化率
特徴	● 不特定多数のリードを対象にする場合に有効 ● 中堅企業や中小企業を対象にすることが多い ● 検討意欲が高いリードを見極め、優先的にアプローチを行う	● ターゲット企業が絞られている場合に有効 ● 大企業を対象にすることが多い ● 複数の顧客に一斉にアプローチするのではなく、特定企業の役員や決裁者向けにカスタマイズされたアプローチを行う

第3章　立ち上げ前に考えておきたいこと

3-9-2 立ち上げからSDRとBDRの両方に着手する場合もある

　近年では、大企業向けの製品・サービスを開発し、はじめから大企業を
ターゲットに事業を展開する企業も増えています。その場合、インサイド
セールスは立ち上げ段階からSDRとBDRの両方に着手することが多くな
ります。

　なお本書では、立ち上げ期にSDRからスタートし、組織の拡大とともに
BDRに取り組むパターンを想定し、説明していきます。とくに言及がない
かぎりは、SDRのインサイドセールスについての説明だととらえてくださ
い。

3-10

オンラインセールスとは何か

3-10-1 商談および契約の締結までを担当する

　オンラインセールスは、リードに対しアプローチするところから、メー
ルや電話、Web商談ツールを活用し、**商談および契約の締結までを担いま
す**。商談をフィールドセールスへ引き継ぐことなく、商談化の条件や人員
配置、予算などを決められることから、SDRやBDRとは違い、他部門との
連携コストが低く、少人数でも導入できる点がメリットとして挙げられま
す。

　ただし、オンラインセールスはすべての営業活動を訪問なしで行うこと

が基本なので、見込み顧客との信頼関係を構築するまでに時間がかかることが多く、高単価の製品・サービスには向いていません。

オンラインセールスと相性がよい製品・サービスには、低単価でリードタイムが短いものや、複雑な説明が不要で提供価値がわかりやすいもの、有形で一目で特長がわかるものが挙げられます。

ターゲットがオンラインで商談を完結することに慣れている業種である場合や少数精鋭の企業組織・営業組織を目指している場合などはオンラインセールスの立ち上げを検討するとよいでしょう。

3-11

責任者にはどのような人が最適か

3-11-1 営業経験豊富なトップパフォーマーが理想

インサイドセールス部門の責任者となる「1人目」には、どのような人が最適なのでしょうか。

筆者の経験では、**自ら商談を行い受注までを経験したことがある人、営業経験が豊富なトップパフォーマーをアサインできれば理想的**です。

インサイドセールスは、形や範囲は違えど、営業であることに変わりはありません。見込み顧客の課題をヒアリングし、最適なタイミングで、自社の製品・サービスの価値を伝えるためには、自社や顧客に対する理解が不可欠です。

さらに立ち上げ初期は、フィールドセールスと商談化の基準や運用ルールを決めたり、商談の進捗について確認したりするため、フィールドセー

ルスの業務についても深い理解が必要になります。自らフィールドセールスで実績を持っている人であれば、業務についての理解があるのはもちろんのこと、商談を引き渡す際にどのようなシナリオで商談を進めていくべきかを伝えることができるので、フィールドセールスと対等な議論がしやすいでしょう。

　加えて、今後インサイドセールスのメンバーが増えることを想定すると、**マネジメントや業務プロセス構築の経験**があるとよりスムーズです。

　もし、社内にインサイドセールスの責任者に相応しい人材がいない場合は、外部のコンサルタントや支援会社に依頼することを検討しましょう。

3-12
フィールドセールスに本音を
いえているか

3-12-1　フィールドセールスとの関係を深めるコツ

「インサイドセールスとフィールドセールスは対等に議論できなければならない」——インサイドセールス組織でマネジメントを行う多くの方が、そう語っています。

　筆者の1人である才流の名生と、SmartHRの大谷氏、遠座氏の対談記事でも、インサイドセールスとフィールドセールスの関係性について、同様の見解が示されています。

　インサイドセールスとフィールドセールスの関係を深めることを意識的に行い、定量的な成果につながったという人事労務ソフトを展開するSmartHRの事例を記事から一部抜粋して紹介します（引用元の表記に則り、イ

ンサイドセールスをIS、フィールドセールスをFSと記載）。

名生 ISとFSとの連携を深めることで、商談化率や受注数という定量的な成果が現れてきたと思います。定性的な成果や手応えも教えてください。

遠座 ISとFSが持つ情報には、それぞれ特徴と違いがあります。FSは、お客さまとの日々の商談を通して、とても密度の濃い情報を持っていますし、ISはSFAの情報やデスクトップリサーチで集めた情報と、お客さまの基本情報を幅広く把握している。それぞれ得意領域があって、お互いの情報をミーティングや打ち合わせなどで定期的にぶつけ合うことで、点と点がつながるんです。「前に〇〇さんから電話で聞いた話ですが」とISからFSに伝えた情報が、次に会うべき人を探すうえでの足がかりになることもありますし、ISもFSから聞いた情報をもとに、新しい仮説が立てられる。その仮説を持って、カウンターパートの方に自信を持ってお話しできるようになったことは、連携を通じて生まれた、形には現れない副産物だと感じます。

名生 「この情報を伝えよう」「こんなフィードバックがありましたよ」という、小さな日々のコミュニケーションから、信頼が生まれていきますね。

大谷 信頼って、何かひとつ関われば生まれるものではないんですよね。共通の目標を持ち、日々の仕事だけでなく、たとえば飲み会で仲良くなることも必要。全方位で関係性をつくらなければ、信頼は育めないと思います。実は、**FSのマネージャーと私たちの間で、意識して「ISとFS、仲のよい雰囲気にしていこう」と取り組んできたのが、両部署の連携における大きな転換点**だと考えています。たとえば、共通の目標を追うことはもちろん、お互いのKPIの達成を喜ぶ雰囲気をつくったり、FSとISで進捗を確認するSlackのチャネルができたら、「盛

り上げていきましょう」と根回しをしたり。マネジメント層が率先して盛り上がり、お互いの距離が近づくように働きかけてきたことは大きいです。

名生 「チーム同士の協力体制を築くには、マネジメント層が率先して動くことが大事だ」とよくいわれます。まさに、大谷さんたちが目指す理想に向かって、チームの雰囲気をつくっていたんですね。

大谷 同時に、ISに対しては**「FSと対等な立場でコミュニケーションをしよう」と何度もいい続けてきました。**他社の事例を伺っていても、ISはFSからいわれっぱなしになりがちで、力関係が生まれてしまう傾向が高いそうなんです。そのような関係にならないように、いいたいことはいおうという意識づくりをしていました。たとえば、ISが「有効商談になる」と確信をもってトスアップしたのに、FSが商談を進めなかったり、パイプライン金額が想定より下がったりしたときは、「どうしてですか」「何があったんですか」とIS側からきちんと主張するようにしました。「組織は、前向きなケンカをしていくと、成熟してワンチームになる」という考えがあります。コンフリクトが起きないままでは、上辺だけの仲の良さになってしまいますから。

※出典：才流「目指すは、商談をデザインするインサイドセールス。FSとの連携が進むSmartHR・エンタープライズISの現在地」(https://sairu.co.jp/method/46942/)

3-13

インサイドセールス組織における4つのフェーズ

3-13-1　立ち上げ期、成長期、拡大期、成熟期

　インサイドセールスを立ち上げ、メンバーを増やしていく組織のフェーズは、大きく4つに分けられます。

- **立ち上げ期**
- **成長期**
- **拡大期**
- **成熟期**

　各期における最適なインサイドセールスの人数は、売上目標から逆算して考えるとよいでしょう。たとえば、売上目標を達成するためには、月に○件受注しなければならず、受注率は○％の場合○件の商談が必要で、そのために月に○件のリードにアプローチする必要があるため、○人は必要になるといった考え方です。

　次章からはそれぞれのフェーズでやるべきことについて解説していきます。各期の人数や目指すべきゴール、KPI（Key Performance Indicator：重要業績評価指標）の目安も掲載しているため、自社の状況と照らしあわせて活用してください。すでにインサイドセールスを立ち上げている場合は、着手できていない点を洗い出しましょう。

63

第 4 章

活動指針をつくる
「立ち上げ期」

立ち上げ期は、組織の基盤を築き、活動の指針となる
ルールづくりが主な取り組みとなります。インサイド
セールスとして活動をはじめるにあたって、成果を上げ
ることはもちろん大事ですが、成果はすぐに出るもので
はありません。立ち上げ期では、トライ&エラーを繰り
返しながら、今後の活動を効率的に進めるための体制や
プロセスを確立することに重きを置きましょう。

なお、活動ルールに関しては最初から完璧なものをつく
ろうとするとかえって実行に時間がかかってしまいま
す。まずは、基本的な枠組みを決めて運用し、課題点を
見つけながら改善していく姿勢で臨んでください。

本章では、インサイドセールスの立ち上げ期に、取り組
むべきことについて解説します。

※本書では、まずSDRを立ち上げ、事業の拡大フェーズでBDRに着手す
　るという順番を想定しているため、第4章、第5章、第6章はSDRにつ
　いて解説します。BDRについては第7章から解説します。

4-1

立ち上げ期の全体像

4-1-1　かぎられたリソースで多くのことに取り組む

　立ち上げ期は、インサイドセールスの業務を実行するためのルールづくりやツール導入を行い、活動の一歩をふみ出すフェーズです。少ないリソースで商談化や失注、リード評価の基準を決めたり、KPIを設計したりしながら、同時に見込み顧客へのアプローチを実行しなければなりません。

　立ち上げ期におけるKPIは活動量や商談数に置くことが多いです（図4-1）。しかし、フィールドセールスのリソースが潤沢でない場合は商談数を増やしても対応しきれない可能性があります。その場合は、商談数ではなく、受注確度の高い有効商談数をKPIに設定したほうが効果的です。KPIについてはフィールドセールスとこまめにコミュニケーションをとりながら調整しましょう。

4-1-2　ルールは実行しながら柔軟に変更していく

　立ち上げ期では、まずルールと目標を決定しましょう。

　マーケティング部門とのミーティングを設定し、リードの評価基準を決定します。

　続いて、フィールドセールスとミーティングを設定し、商談化と失注の基準を決めましょう。これをふまえ、KPIを決定します。

　KPIを決定したら、アプローチのルールを具体的に決めていきましょう。活動の実行フェーズでは、SFAやCTIといったツールを導入し、トー

■ 図4-1　立ち上げ期の全体像

立ち上げ期

専任担当者の人数 | 1〜2名

目指すゴール

業務を遂行できる体制の構築とルールの作成

想定されるKPI

- 架電数やメール数などの活動量
- 商談数
- 有効商談数

立ち上げ期に取り組むこと　　　★：継続的に取り組むこと

- 他部門とミーティングを設定する
- リードの評価基準を決定する
- リードの管理ルールを決定する
- 商談化の基準を決定する
- 失注リードのフォロールールを決定する
- KPIを決定する
- アプローチのルールの決定する
- ツールを導入する
- トークスクリプトを作成する
- メールテンプレートを作成する
- 見込み顧客にアプローチする ★
- リード育成の施策を決定する

クスクリプトやメールテンプレートを作成します。ここまできたら、見込み顧客にアプローチするという流れです。

ただし、実際に立ち上げ期を経験した人からは、いろいろなことを同時並行で進めていたという話を聞きます。リソースがないなかで、スピーディーに成果を出したいと考える人も多く、一つひとつステップをふんでいる余裕はないという実情もあるでしょう。

先述したステップは、必ずしも順番に着手しなければならないわけではありません。「実行しながら検証し、筋のよいルールやプロセスを見つけていく」という、柔軟な姿勢で臨むのがよいでしょう。

ここからは、図4-1に示した立ち上げ期に取り組むことを、順に一つひとつ解説します。

4-2

他部門とミーティングを設定する

4-2-1　各種の基準を決定

インサイドセールスの活動は他部門との連携が欠かせません。とはいえ、やるべきことはシンプルです。マーケティング部門、フィールドセールスと一緒にルールづくりを行うとともに、定期的に振り返りや共有のミーティングを実施しましょう。

まずはインサイドセールスの活動をはじめるにあたって、**マーケティング部門とのミーティングでリードの評価基準を、フィールドセールスとのミーティングで商談化・失注の基準を決定**します。その後、本格的にイン

サイドセールスとしての活動を開始してからは、定例ミーティングを週に1回30〜60分ほど、マーケティング部門とフィールドセールスそれぞれと設定します。ミーティングには、各部門のマネージャー、必要であればメンバーも出席しましょう。

ここでは、マーケティング部門、フィールドセールスとの定例ミーティングで話すべきことについて解説します（図4-2）。

■ 図4-2　他部門とのミーティングの概要

マーケティング部門との定例
- 週に1回（30〜60分）
- 数値の進捗、課題、改善点の確認
- 見込み顧客のニーズや課題感の共有
- 見込み顧客の声をインサイドセールスからフィードバック

フィールドセールスとの定例
- 週に1回（30〜60分）
- 数値の進捗、課題、改善点の確認
- リソース状況の確認
- 滞留商談の引き継ぎ
- 商談の量や質についてフィールドセールスからフィードバック

なお、インサイドセールス立ち上げ期のフェーズでは、1人の担当者がマーケティングやフィールドセールスを兼務したり、経営者がセールスを担当したりというように、明確に組織化がされていない場合もあるでしょう。その場合は、ビジネスサイドのメンバー全員で集まり、ルール化や実行の振り返り、改善を行ってください。

4-2-2　マーケティング部門との定例ミーティングで話すこと

　マーケティング部門との定例ミーティングでは、リード獲得施策の結果について定量・定性の両面から振り返りを行うとともに、インサイドセールスが実際に見込み顧客と接して感じたことや気づきなども共有します。もしうまくいっていないことがあれば、改善策を話しあいましょう。

　また、有効リードと定義しているリードの商談化率などを見て、有効リードの判断基準も定期的に見直しをかける必要があります。

　加えて、**インサイドセールスは見込み顧客と直接話す機会が多いため、見込み顧客の声をマーケティング部門にフィードバックすることも重要な役目です**。

　たとえば、「ここ1か月で、顧客からAI活用に関する質問が増えてきたので、Facebook広告のクリエイティブを用意してもいいかもしれません」「サービスサイトの○○という訴求が気になったという方が多く、顧客に刺さっているようです」などと伝えることで、マーケティング部門は施策のヒントを得たり、訴求の改善などを行えます。

　才流ではインサイドセールスをセールスリクエストに委託していますが、定例ミーティングでは次のようなアジェンダで話しあいを進めています。

【マーケティング部門との定例ミーティングのアジェンダの例】

- 成果の定量面振り返り（架電数、コネクト（着電）数・コネクト率、アポイント獲得数）
- 成果の定性面振り返り（リードの流入経路別の架電の所感）
- 翌月以降に向けたアクションや相談
- 新たな施策の検証結果の共有
- 両者の残タスクの確認

● そのほか相談

　成果の定性面振り返りでは、主にリードの流入経路別の架電の所感、たとえば資料請求や問い合わせに至った背景や、架電時の反応について共有し、今後のアプローチ方法についての改善点を議論しています。

4-2-3　フィールドセールスとの定例ミーティングで話すこと

　フィールドセールスとの定例ミーティングでは、**売上目標に対する進捗とギャップ、そのギャップに対する打ち手のほか、商談の進捗や営業リソース状況の確認、失注案件の振り返り、商談化の条件の見直しなどについて話しあいます。**

　定例ミーティングでは、フィールドセールスが渡された商談に対して一方的に評価、フィードバックするだけでなく、インサイドセールスも気づいた点は積極的に伝え、お互いに議論を交わすようにしましょう。

　第8章の事例で紹介するSmartHRでは、毎週の定例で失注案件を振り返る時間を設けているそうです。失注商談にはなってしまったもののよかったことはあるか、改善が必要なことはなにかなど、商談にかかわった人たちで意見を出しあい、次のアクションにつなげているといいます。

　また、フィールドセールスとの定例ミーティングでは**滞留商談の引き継ぎ**を行うこともあります。滞留商談とは、フィールドセールスに渡ったリードで、2週間〜1か月以上コンタクトをとっていない商談のことです。

　最終コンタクトから2週間以上が経過している商談は、フィールドセールスが意図的にアプローチしていない場合と、なんらかの理由により対応できていない場合が考えられます。どちらの理由なのかを確認し、フォローが必要であればインサイドセールスが引き継ぎ、アプローチを行いましょう。

4-3

リードの評価基準を決定する

4-3-1　評価基準はマーケティング部門と作成

　続いて、リードの評価基準を決めます。リード評価とは**アプローチを行う対象のリードかどうかを見極め、優先順位をつけることです**。評価基準はマーケティング部門と一緒に作成しましょう。

　大規模にマーケティングを展開し、保有リード数が多い組織であれば、マーケティング部門がリードの属性・行動を把握し、受注する見込みがあると判断したリードのみをインサイドセールスに引き渡すこともあります。

　しかし立ち上げ期は保有リード数が少ない傾向にあるため、インサイドセールスがすべてのリードを評価する場合が多いです。

4-3-2　有効リードの定義

　リードの評価基準を決めるにあたって、まずはアプローチ対象とする有効リードの定義を決定しましょう。有効リードは、**リードの「企業属性」と「個人属性」から判断**します。

- **企業属性：従業員規模、業種、業態、提供サービス、エリア**
- **個人属性：部門、役職**

【有効リードの決め方の例】

企業属性

1. 従業員数100人以上

2. 従業員数10人以上100人未満

3. 従業員数10人未満

個人属性

4. 経営者・役職者

5. 事業責任者クラス

6. メンバークラス

有効リードの定義

3×6（従業員数10人未満の企業のメンバークラス）以外は、有効リードとする

上記はとてもシンプルな例ですが、誰でも判断しやすいように有効リードの定義はできるだけシンプルに、複雑にしないことが大切です。当然ですが、有効リードの定義は製品・サービスの特性によって異なります。

ちなみに、才流では次のいずれかに当てはまるリードを有効リード（アプローチ対象）としています。

【才流における有効リードの定義】

● 年商問わず部長以上の役職者

● 年商〇〇億円以上の会社に属する社員

● （年商非公開の場合）上場企業の子会社、関連会社に属する社員 ※資本関係の有無を確認

4-3-3 リード評価のタイミング

　インサイドセールスがリード評価を行うタイミングは複数回あります。自社とはじめて接点を持った新規リードに対しては背景情報が少ないため、先述したように属性で有効リードかどうかを判断しますが、すでに接点がある既存リードに対してはヒアリングした情報も参考にしてリードを評価しましょう。

【リード評価のタイミングの例】
- マーケティング活動で獲得したリードに対し、アプローチするかを判断するとき
- 継続的にアプローチしたリードに対し、フィールドセールスへ商談をパスするかを判断するとき
- 商談化しなかったリードに対し、再度アプローチをかけるかを判断するとき
- 育成対象のリードに対し、再度アプローチをかけるかを判断するとき

　有効リードを定義したら、その有効リードのなかでの優先順位づけを行います。有効リードの優先順位づけは**「誰が、どのような行動をしたら（リードの属性×行動）」の軸で判断**します。

　ただし、**立ち上げ期では優先順位づけまで行う必要はありません。リードの保有数自体が少ないため、有効リードかどうか（アプローチすべきリードかどうか）の見極めに重きを置きましょう。**行動の条件まで細かく設定してしまうとアプローチ対象のリードが少なくなってしまう可能性があるからです。有効リードの優先順位づけについては、第5章で解説しています。

また、有効リードを定義すると同時に、**インサイドセールスのアプローチ対象から除外するリードについても定義**しておきましょう。たとえば、フィールドセールスが対応中のリード、競合企業のリード、個人・無料アカウントのリード、代理店のリードなどはアプローチ対象外とすることが多いです。

4 - 4

リードの管理ルールを決定する

4-4-1 自社におけるリードのステータス項目を決定

リードの評価基準を決めたら、そのリードを管理するルールを決めます。第2章でも説明したように、**リードの管理とは、リードのステータスやアプローチ履歴を把握すること**です。まずは自社における**リードのステータス項目**を決定します。

リードのステータスの例としては、次のような項目が挙げられます。

【リードステータスの例】
- **新規**：新規で未対応のリード
- **未接触・返信なし**：リード発生後に架電、メールのアクションは完了しているが未接触のリード
- **アプローチ中**：アプローチ対象であり、やりとりが進行しているリード
- **ナーチャリング（ネクストアクションなし）**：ナーチャリング対象でネ

クストアクションを設定していないリード

- **ナーチャリング（ネクストアクションあり）**：ナーチャリング対象でネクストアクションを設定しているリード
- **日程調整中**：アプローチ後に日程調整になったリード
- **商談獲得**：商談を獲得できたリード
- **対象外**：リード評価の結果、アプローチ対象外となったリード

　才流の場合は、コンサルティングサービスを提供しているため、壁打ち（顧客との課題解決に向けたディスカッション）が商談獲得につながる強力なタッチポイントになっています。そのため、先述した項目のほかに「壁打ち獲得」をステータスの項目に加えています。

　なお、リードのステータス管理にはSFAを活用するのが一般的です。営業活動や顧客情報を可視化し、誰がどの顧客を担当しているか、どのようなネクストアクションをとる予定なのかなどが容易に把握できます。SFAを導入しない場合は、スプレッドシートやExcelで管理しましょう。

4-4-2　1人あたりの適切な保有リード数

　次に、インサイドセールス1人あたりが保有するリード数を決めます。1人あたりの保有リード数が多すぎると、各リードの状況を把握しきれません。新規・育成対象も含め、**1人あたりの保有リードは目安として100件を上限としましょう**（図4-3）。

　もちろん、取り扱っている製品・サービスや個人のスキルによっても保有リード数は増減するので、1人100件はあくまでも目安です。立ち上げ期から成長期においては、インサイドセールスのメンバーが少ないため、1人あたりの保有リード数は100件より多くなる傾向があります。それでも1人あたりのリード数は150件程度までには抑えるようにしましょう。

■ 図4-3　1人あたりの保有リード数が多すぎると最適なアプローチができない

4-5 商談化の基準を決定する

4-5-1　定量・定性の両面で設定

　続いて、フィールドセールスと話しあいのうえ、商談化の基準を決定し

ます。商談化の基準は、**既存顧客の傾向から考えるのが基本**です。過去の
データから受注企業に共通する特徴を洗い出しましょう。

とくに見るべき点は、次の4つです。

- **企業規模**
- **業種**
- **顧客が抱えていた課題**
- **顧客が現在使用している製品・サービス**

既存顧客と同規模の企業、同業種のリードであれば、既存顧客と同じよ
うな課題を抱えていることが多く、自社の製品・サービスで課題を解決し、
価値を提供できる可能性が高いと考えられます。

また、既存顧客と課題が同じであったり、同じように製品・サービスの
乗り換えを検討していたりするリードも、自社が価値を提供できる可能性
が高いでしょう。

既存顧客の傾向を分析できたら、商談化の基準を言語化します。インサ
イドセールスとフィールドセールスの共通認識となるため、誰が見てもわ
かるように、**定量・定性の両面で設定**しましょう。

【商談化の基準の例】
- **定量的な基準**
  - 従業員数○○名以上
  - 役職あり
  - ○○部門
  - 売上○○億円以上
  - 月間広告費○○円以上
- **定性的な基準**

- BANT*情報を取得できている
- ○○に課題がある
- 課題を明確に把握できている

*BANT：Budget（予算）、Authority（決裁権）、Needs（必要性）、Timeframe（導入時期）の4つの頭文字からとった、受注確度の判断に役立つ情報のこと

　商談化の基準は自社製品・サービスによって異なります。たとえば、SaaSでは「トライアルを一定期間利用している」、人材紹介サービスでは「採用するポジションや人数が明確である」といった基準が加わることもあるでしょう。

　また、商談化の基準が先述した有効リードの定義にすでに含まれている、つまり有効リードの基準＝商談化の基準という場合もあるかもしれません。その場合、有効リードはそのまま商談に進むことになります。

　当たり前ですが、商談化の基準が厳しければ厳しいほど商談数は減ってしまいます。商談の数と質のバランスは難しい判断ですが、**立ち上げ期は商談数を増やすことを優先し、少し緩めの基準を設定することをおすすめします。**まずは多くの商談を創出し、フィールドセールスからフィードバックをもらいながら、少しずつ商談化の基準を見直していきましょう。

　なお、才流では商談化の基準をリードの流入経路別に次のように定義しています。

【才流における商談化の基準】

前提条件

- 才流におけるリードの流入経路は、Webサイトからの資料請求、問い合わせ、自社ウェビナーのアンケート結果（商談／壁打ち希望）の3つ

- ウェビナーアンケートで商談希望と回答したリードはそのまま商談に進む

資料請求および問い合わせリードの商談化の条件

- 才流のサービスで価値提供ができる
  - 制作代行、営業代行など明らかに対応できないニーズではなく、コンサルティングニーズがある
- 予算感がクリアできている
  - 月額〇〇万円×3か月の支出が可能
  - 年商〇〇億円以上であれば問題がないことが多い

ウェビナー壁打ち希望リードの商談化の条件

- 上記2つの基準をクリアしている
- 役職者以上に同席してもらえる

4-5-2 フィールドセールスへの情報共有フォーマット

　商談化の基準を満たしたリードは、フィールドセールスへ引き渡します。「インサイドセールスからフィールドセールスに商談をトスアップする」と表現することもあります。

　リードの引き渡しにおいて**注意したいのは、「事実」と「解釈」を混同した情報共有**です。

　たとえば、見込み顧客の課題感について、実際に見込み顧客が発言したわけではないにもかかわらず、インサイドセールスが勝手な解釈によって「見込み顧客が〇〇という課題を持っている」とフィールドセールスに共有した場合があるとします。商談時にフィールドセールスが「〇〇に課題感があるということですが……」と話を展開しても、「いや、そのような課題感はありません」と見込み顧客から返答されてしまう可能性があります。

そのような失敗を防ぐために、「事実」と「解釈」を分けた情報共有フォーマットを使用しましょう。

【フィールドセールスへの情報共有フォーマットの例】

①商談概要

　日時：

　当日出席者（役職名／フルネーム）：

　Web会議URL：

②ヒアリングしたこと（事実）

　先方が感じている課題認識とその理由：

　先方が実現していきたいこと：

　先方の予算：

　先方の選定プロセス：

　先方が興味を持ったきっかけ：

③商談獲得までの経緯（事実）

④フィールドセールスへの依頼事項（解釈とフィールドセールスへの要望）

　（記入例）

　　先方の担当者からは「××」という発言がありました。そのため、〇〇という課題認識を持っていると考えられます。商談では、△△の資料を使って、△△の話をしていただけるとスムーズに話が進むのではと考えます。

　なお、通話内容を録音できるCTIを活用し、録音データをセットで共有することも事実の共有には効果的です。

4-5-3　商談には「導入商談」と「認知商談」がある

　インサイドセールスがフィールドセールスへ商談をトスアップするうえ
で、気をつけたいことがもう1つあります。それは**トスアップする商談が、**
導入商談なのか認知商談なのかを明確にしておくことです。

　一般的に「商談」というと、自社の製品・サービスの導入を検討してい
る見込み顧客に対して、具体的な解決策やプランの提案などを行う商談を
指します。これを筆者は「導入商談」とよんでいます。

　一方、現時点では導入の検討意欲が低い見込み顧客に対して、自社の製
品・サービスを知ってもらうために行う商談もあります。これを筆者は
「認知商談」とよんでいます。とくにメールや電話、オンラインでの説明が
難しい製品・サービスである場合、フィールドセールスが見込み顧客のも
とへ足を運んで説明をすることは多いです。

　また、課題が顕在化していない見込み顧客に対して、将来的に起こりう
るリスクを伝えたり、類似企業の導入事例を紹介したりして課題を認識し
てもらうことも、認知商談の一環といえます。

　製品・サービスの特性にもよりますが、**初回の商談で導入が決まること**
は多くありません。とくに検討意欲が低い見込み顧客や、課題をまだ認識
していない見込み顧客に対しては、導入を前提にした商談を行うと、か
えって不満を与えてしまう可能性があります。

　そのため、インサイドセールスがフィールドセールスへ商談をトスアッ
プする際は、**導入商談なのか、認知商談なのか、その目的を明確にして伝**
えるようにしましょう。フィールドセールスはその目的にあわせた商談準
備を行うことで、効果的な提案や説明ができます。

4-6
失注リードのフォロールールを決定する

4-6-1　失注リードの重要性

　失注リードとは、商談化したものの受注に至らなかったリードのことです。フィールドセールスが保有しているリードのなかでも、明確に失注したリードやなかなか検討が進まないリード、フィールドセールスのアプローチ間隔が一定以上空いてしまったリードなどは、失注リードとしてインサイドセールスに戻し、フォローを行います。

　立ち上げ期では新規リードへのアプローチに注力しがちですが、失注リードも重要なターゲットです。**失注リードは、新規リードよりもアプローチのハードルが低く、タイミングがあえば受注に至る可能性も十分にあります。**過去にコミュニケーションをとったことがあり、顧客がすでに一定の情報を持っているからです。

　実際、筆者の1人である原が経営するセールスリクエストでは、失注リードに継続的にメールや電話などでコミュニケーションをとっており、2024年上半期の受注の約3割（全体受注25社）は過去に失注または解約した顧客からでした。売上全体のなかでも、失注リードの掘り起こしによる受注は無視できないものであることがわかります。

　失注の基準はフィールドセールスが主導でつくることが多いですが、インサイドセールスが適切にフォローできるように、部門間で調整しておく必要があります。

4-6-2　失注判断の基準はリードタイム

　失注の基準は、**製品・サービスのリードタイム**を基本に考えます（図4-4）。リードタイムとは、製品・サービスの初回商談から受注までの期間のことです。たとえば、リードタイムがおおよそ3か月の製品であれば、商談から3か月経過時点で原則失注としましょう。

　ただし、リードが大企業や公的機関などの場合は、初回のアプローチから受注に至るまで時間がかかる傾向があります。そのため失注扱いにする期間は、見込み顧客の属性も考慮して決定する必要があります。

■ 図4-4　失注または商談継続を判断するポイントはリードタイム

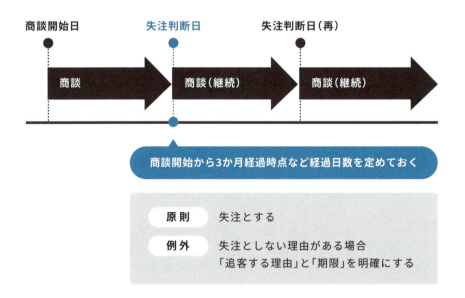

　例外となるのは、見込み顧客とフィールドセールスの間でなんらかのコミュニケーションがとれていたり、次の商談が決まっていたりする場合です。例外とする場合は、追客する理由と期限をフィールドセールスに確認

しておきましょう。また、製品・サービスのリードタイムに関係なく次のような場合は失注扱いにすることもあります。

- **初回商談でネクストアクションを握れなかった**
- **顧客と合意したネクストアクションの期日から○○営業日以上進捗がない**
- **「インサイドセールスが継続フォローをしたほうが検討意欲が高まる」とフィールドセールスが判断した**
- **顧客が他社と契約した**

才流が支援した企業では、次のような失注の基準を設けていました。

【失注の基準の例】
　フィールドセールスは、初回商談時にネクストアクションの期日を決め、期日までに進捗がない場合、そこから10営業日以内に4回はアプローチを行う。それでも進捗がない場合は、失注とし、インサイドセールスに戻す。

4-6-3　**フィールドセールスと確認しておきたいこと**

　失注と判断されたリードは、再度インサイドセールスに担当が戻されます。その際、最適なフォローを行うために、フィールドセールスからは次の情報を引き継ぎましょう。

【フィールドセールスから引き継ぐ情報】
- 失注の理由

- 失注に至った経緯
- インサイドセールスが継続してアプローチをすべきかどうか
- （継続してアプローチをする場合）ネクストアクションの日付と内容
- （継続してアプローチをする場合）アプローチする際の方法と内容
- （継続してアプローチをする場合）誰にアプローチするのか

　フィールドセールスから引き継ぐ情報のなかでも重要なのは、失注の理由です。顧客の失注の理由を解消できないかぎり、何度商談を設定しても受注にはつながらないからです。

　また、**もう一度同じ人にアプローチすべきなのかどうかを確認しましょう**。そもそも意思決定にかかわっていない、決裁権のない人にアプローチしていたために失注していたという可能性があるからです。

　SFAやCRM（Customer Relationship Management：顧客管理システム）で顧客情報を管理している場合は、上記の情報を必ずフィールドセールスに記載してもらいましょう。これらのツールを導入していない場合は、スプレッドシートやExcelなどで失注リードのリストを作成し、フィールドセールスと共有しましょう。

4-7

KPIを決定する

4-7-1　KPIの項目

　リード評価と商談化の基準、失注リードのフォロールールを作成した

ら、インサイドセールスとして追うべきKPIを決定します。

一般的に、SDRのKPIは次の指標のいずれかを設定します（図4-5）。

■ 図4-5　インサイドセールス（SDR）のKPI項目

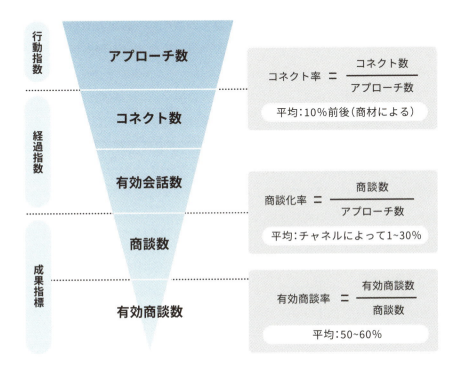

【SDRのKPIの例】
- **アプローチ数**：見込み顧客にメールや電話でアプローチした回数
- **コネクト（着電）数・コネクト率**：見込み顧客へ電話がつながった回数およびその割合
- **有効会話数**：見込み顧客へコネクトした結果、課題感や製品・サービスへの興味についてヒアリングができた回数（有効会話の定義は組織によってさまざま）

- **商談数・商談化率**：商談を獲得した回数およびその割合
- **有効商談数・有効商談率**：受注につながる見込みがある商談を獲得できた回数およびその割合

先述したように、**立ち上げ期のKPIは「商談数」が置かれる場合が多い**です。たいていの場合、インサイドセールスを立ち上げる理由が「商談を増やしたい」からであり、社内で商談数を求められる傾向があるからです。また、商談数が増えれば、受注につながりやすい商談の傾向がわかり、それをもとに商談獲得時のヒアリングを見直すことができます。

商談の数にフォーカスすることで検証サイクルを素早く回し、次のステップ「有効商談数」の増加につなげていくのです。

例外的に、立ち上げ期でもフィールドセールスのリソースに余裕がない場合は、見込みの薄い商談を多く獲得しても対応できないため、有効商談数をKPIとすることがあります。

有効商談の定義は組織によってさまざまですが、基本はフィールドセールスが商談後に、受注につながる見込みがあると認定した商談のことを指します。どちらをKPIにするかは、フィールドセールスのリソースを考慮して判断しましょう。

部門としてのKPIを商談数や有効商談数に置く場合、個人の目標はそのKPIを達成するためのアプローチ数やコネクト数などに置かれることが多いです。

やることが明確なのでモチベーションが維持しやすくなるほか、商談の創出にはどの程度のアプローチ量が必要なのかが把握できます。

4-7-2　KPIの数値の出し方

KPIの数値は、事業全体のKGI（Key Goal Indicator：重要目標達成指標）から逆

算して考えます。KGIは売上や利益などの場合が多いです。

たとえば売上目標が1,000万円／月、顧客単価が100万円の製品であれば受注数は10件／月必要です。過去の平均受注率が20％とすると、必要な商談数は50件／月。さらに、商談化率が25％だとすると、200件のアプローチが必要になります。

また、マーケティング部門が獲得するリードのうち、アプローチ対象となるリードが50％だとすると、マーケティング部門からは400件／月のリード供給が必要になります（図4-6）。

■ 図4-6　受注目標から逆算してKPIの数値を設定する

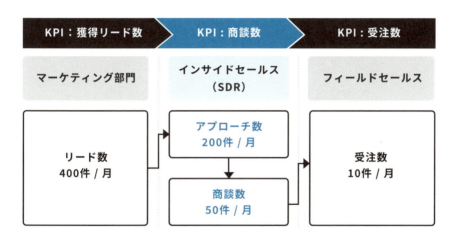

なお、商談化率はリード獲得の流入経路ごとに異なります。次の数値を目安に、KPIを設定しましょう（図4-7）。

■ 図4-7　流入経路別の商談化率の目安（セールスリクエスト調査）

流入経路	商談化率の目安
問い合わせ	40〜60%
資料請求	25〜40%
契約終了・解約顧客	10〜20%
展示会（名刺交換済み）	8〜15%
自社ウェビナー	8〜15%
導入事例	3〜5%
比較サイト	3〜5%
オンライン展示会	1〜3%
お役立ち資料	〜1%

　また、KPIは次のようにリードの流入経路別に獲得リード、獲得商談、商談化率がわかるようなシートを作成し、管理しておくとよいでしょう（図4-8）。

　Web上にインサイドセールスの簡易KPI管理シートを公開しているのでご活用ください（https://sairu.co.jp/method/6009/）。

■ 図4-8　KPI管理シートの例

◯月	流入経路		Week1			合計
			ターゲットA	ターゲットB	ターゲットC	
獲得リード	資料請求	サービス資料				0
		3分でわかる◯◯資料				0
	問い合わせ					0
	お役立ち資料一括ダウンロード					0
	デモのリクエスト					0
	事例集					0
	お役立ち資料A					0
	お役立ち資料B					0
	合計		0	0	0	0
獲得商談	資料請求	サービス資料				0
		3分でわかる◯◯資料				0
	問い合わせ					0
	お役立ち資料一括ダウンロード					0
	デモのリクエスト					0
	事例集					0
	お役立ち資料 A					0
	お役立ち資料 B					0
	合計		0	0	0	0
商談化率	資料請求	サービス資料				
		3分でわかる◯◯資料				
	問い合わせ					
	お役立ち資料一括ダウンロード					
	デモのリクエスト					
	事例集					
	お役立ち資料A					
	お役立ち資料B					
	合計					

4-8

アプローチのルールを決定する

4-8-1　迷わず実行するための準備

　続いて、見込み顧客へアプローチするための準備をします。アプローチを迷わず実行できるように、事前に初回アプローチまでの時間やアプローチの回数、リードの保有期間などを明確にしておきます。

　アプローチ後にどのように顧客情報を蓄積するかもあわせて決めておきましょう。

【新規リードへのアプローチルールの例】
- **リード発生から初回アプローチまでの時間**：5分以内に架電する
- **アプローチの回数**：3営業日以内に架電3回、メール2回
- **リードの保有期間**：アサイン後、90日経過したらリリース（マーケティング部門に戻す）

　ここでは、アプローチのルールについて、最低限決めておきたいことを解説します。

4-8-2　アプローチ前の情報収集の方法

　アプローチ前には、見込み顧客に関する情報収集を行いましょう。情報収集の方法としては、次のようなものがあります。

【情報収集の方法】

- Webサイトを確認する
- 担当者情報を確認する
- IR情報（株主や投資家向けに発信する企業情報）を確認する
- インタビュー記事、寄稿記事、出版物などを読む
- 直近1年のプレスリリースを確認する
- 直近1年のニュース記事を確認する
- 社長や役員、担当者のSNSの発言内容を確認する
- 自社の資料ダウンロードやセミナー参加状況を確認する
- Web上の行動データ（MAで取得している行動データ）を調べる

　中小企業がアプローチ対象の場合、WebサイトやSNSの発信などから情報を得やすいですが、大企業の場合はそれだけでは不十分な可能性があります。

　IR情報や各種メディア、ニュース記事など、幅広い情報源から情報収集を行いましょう。

4-8-3　リード発生からアプローチまでの時間

　ドイツの心理学者ヘルマン・エビングハウスの「忘却曲線」によると、人は20分後には記憶したことの約40%を忘れ、1日経つと約75%を忘れるといわれています（図4-9）。

　そのため、基本的にはリード発生から初回アプローチまではできるだけ早いほうがよいです。筆者の経験からも、リード発生から1日以内にはアプローチすることをおすすめしています。

■ 図4-9　エビングハウスの忘却曲線

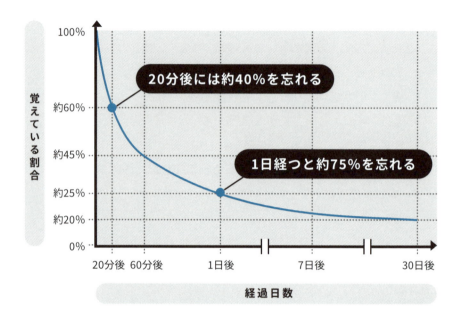

　ただ、すべてのリードに対し、アプローチが早ければ早いほどよいというものでもありません。

　たとえば、見込み顧客が資料をダウンロードしてすぐに架電したとすると、見込み顧客はまだその資料を読み終わっていない状態です。口頭で製品・サービスの内容を伝えてもよいですが、すぐには理解してもらえない場合もあるでしょう。

　とくに自社の製品・サービスが複雑である場合は、まずは見込み顧客に資料を読んでもらったほうがよいため、「リード発生から1時間は架電しない」というようなルールを決めておくのも1つの手です。

　なお、リードが発生したらすぐにインサイドセールスがその情報をキャッチアップできるように、**普段利用しているコミュニケーションツール（SlackやChatworkなど）上に自動的に通知がくるように設定**しておきま

しょう。

才流では、リード管理に使用しているHubSpotをSlackと連携させ、リードが発生したら自動でSlack上に通知されるように設定しています。Slack上でリード情報（属性や問い合わせ内容）が表示されるため、そこで個別アプローチの要・不要を判断しています。

4-8-4 アプローチの回数

—— 資料請求や問い合わせ経由のリードに対するアプローチルール

アプローチの回数は、リードの検討意欲や状況を考慮したうえで決定します。資料請求や問い合わせ経由の検討意欲が高い可能性のあるリードに対しては、**「架電3回・メール2回」を目安にアプローチ**を行ってみてください（図4-10）。

一般的にSDRのアプローチによる接触率（見込み顧客と接触できる割合）は20〜30％といわれており、確率的には3〜4回架電すれば1回は接触できる計算です。

ただ、4回も同じ電話番号からかかってくるのは見込み顧客にとって迷惑になる可能性もあります。3回架電して応答がない場合はメールでフォローを行いましょう。

近年はリモートワークも増えており、架電しても見込み顧客が会社にいない場合もあります。その際はメールを中心としたフォローに切り替えましょう。

立ち上げ期は商談数をKPIに置いていることが多いため、検討意欲にかかわらず、ターゲットであればすべてのリードに架電するパターンもあるかもしれません。

その場合も図4-7で示した商談化率の目安を参考に、商談化率の高い

リードを優先してアプローチ回数に濃淡をつけましょう。

■ 図4-10　資料請求や問い合わせ経由のリードへのアプローチ回数の目安

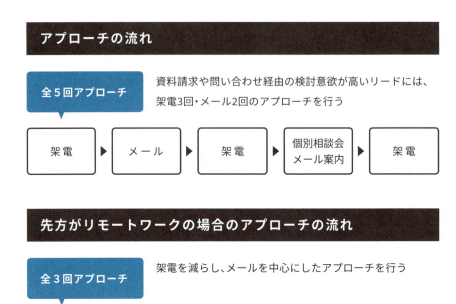

── セミナー経由のリードに対するアプローチルール

　資料請求や問い合わせ以外のリード、たとえばセミナーや勉強会経由のリードには、**開催前と開催後に分けてアプローチする**のが効果的です（図4-11）。

　開催前はメール1回と架電1回、開催後は架電2回、メール1回の計5回のアプローチを目安にしましょう。

　開催前のアプローチでは、申し込みの理由や現在の課題感をヒアリングし、課題が明確でニーズが顕在化している場合は、開催前に商談を打診し

ても構いません。

■ 図4-11　セミナー経由のリードへのアプローチ回数の目安

　ただし、筆者の経験上、セミナー開催前のアプローチでは自社の製品・サービスの無理な売り込みはしないほうがよいと考えています。見込み顧客は情報収集を目的としてセミナーを申し込んでいる場合がほとんどなので、課題をヒアリングしたり、ディスカッションを提案したりして、信頼関係をつくることに重きを置きましょう。

　ヒアリングの結果、もし見込み顧客の課題感が強い、製品・サービスへの興味関心が強い場合は、製品・サービスの紹介を行っても構いません。才流であれば「マーケティング戦略がつくれない」「リード獲得はできたが商談・受注につなげられない」といった課題をヒアリングできれば、どういった支援が可能であるかを伝えています。

4-8-5　リードの保有期間

　リードに対して決まった回数のアプローチを行ったものの接触できない、接触できたものの明らかに検討意欲がないなどの場合は、アプローチ

対象から外します。

先述したとおり、インサイドセールス1人あたりの保有リード数は100件までとするのが望ましく、商談につながらないリードを持ち続けてしまうと、優先度の高いリードに対応しきれなくなってしまうからです。

保有期間は30〜90日を目安とし、判断しましょう。

ただし、初回アプローチで次のようなコミュニケーションがある場合は、商談化する可能性があるため、リードの保有期間をすぎてもアプローチを継続します。

「今月中に上司とすりあわせて商談日の連絡をします」

「今月までは年度末で忙しいので、来月なら商談ができます。電話をください」

「来月末でいまの担当プロジェクトが終わるので、再来月に連絡をください」

基本のルールを設けつつ、個別の事情を考慮し、各リードに対し適切なタイミングでアプローチしましょう。

4-8-6　失注リードへのアプローチタイミング

失注リードへアプローチするタイミングは、**失注理由から判断する**ことが多いです。

たとえば、失注理由が「機能不足」であれば機能拡充のタイミング、「価格が高い」であればキャンペーン実施や価格改定のタイミング、「競合とのコンペで負けた」であれば競合との契約更新のタイミングを狙って、アプローチを行うとよいでしょう。

また、見込み顧客の予算編成のタイミングであれば、比較的耳を傾けて

もらいやすくなります。

　一般的に予算は決算月（3月、9月、12月）の4〜5か月前に策定されはじめ、1〜2か月前に決まる場合が多いです。

　見込み顧客が再び検討するであろうタイミングは、企業や業種の特徴、市場環境の変化などをふまえて、ある程度予測しておくようにしましょう（図4-12）。

■ 図4-12　失注リードへのアプローチを検討するタイミング

顧客起因	● **決算時期** （例：3月、9月、12月） ● **人事異動、予算編成時期** （例：2〜3月、8〜9月、11〜12月） ● **繁忙期** （例：人材系は1〜3月、研修系は4〜5月など） ● **ニーズが顕在化しやすいタイミング** （例：年度末、決算前後、大型イベント前後）
外部起因	● **法改正、景気変動など**（不定期）

　そのほか、見込み顧客の次のような行動を把握しておくことも、アプローチのタイミングを見極めるうえでは重要となるのでおさえておきましょう。

- **直近での展示会出展**
- **プレスリリースの配信**
- **求人広告の掲載**
- （上場企業であれば）**四半期タイミングでの決算報告**

4-9

ツールを導入する

4-9-1　のちの手間を考えると最初から導入するのがおすすめ

　インサイドセールスの活動を本格化していくうえで、ツールの導入は欠かせません。ツールを導入する目的は、営業活動や顧客情報の可視化と業務の効率化、そして顧客データの蓄積です。

　ツールをうまく活用することでインサイドセールスの活動量が増え、さらに顧客データの蓄積が増えるという好循環が生まれます。
「活動初期はツールは不要」と考える人も一定数いますが、のちに分析やデータを移行する手間を考えると、最初からツールを導入しておくほうが賢明です。

　ツールを導入するにあたっては、「何のツールに、誰が、どのタイミングで、どのような情報を記入する」ということを明確にし、マーケティング部門やフィールドセールスと共有しておきましょう。

　インサイドセールスの業務に必須のSFAとCTIについて説明します。

4-9-2　SFA

　SFAとは**営業活動の進捗状況、顧客情報などを管理する営業支援システム**のことです。

　ブラックボックスになりがちな営業活動や顧客情報を可視化し、誰がどの業務を行っているか、どのようなネクストアクションをとるべきかなどを記録できるほか、なぜ受注に至らなかったのかを分析できる機能なども

あります。

SFAは機能がシンプルで直感的に操作ができるものがよいでしょう。筆者がおすすめするSFAは次の2つです。

- **Sales Hub**（HubSpot Japan株式会社）
- **Sales Cloud**（株式会社セールスフォース・ジャパン）

これらは直感的に操作できることに加えて、ユーザー数が圧倒的に多いため、運用におけるTipsやベストプラクティスがWeb上に多数公開されています。

初心者から上級者まで、幅広く対応できるカスタマイズ性の高さも魅力です。

4-9-3 SFA導入時に設定すべきこと

SFAは最初に自社の営業活動にあわせて設計する必要がありますが、立ち上げ期はそれほど複雑な設計は必要ありません。

リソースがかぎられているため、シンプルで最小限の項目のみを設定することをおすすめします。

SFAによって営業活動のPDCAが回りやすい環境をつくることが重要なので、まずは次の2つを可視化するための設定を行いましょう。

- **リードステータス**
- **活動成果**

─── リードステータス

　管理しているリードが現在どのような状態にあるのかを把握しておくために、SFA内に「リードステータス」という項目を作成しましょう。

　先ほども紹介したとおり、リードステータスの例としては次のようなものが挙げられます。

【リードステータスの例】

- **新規**：新規で未対応のリード
- **未接触・返信なし**：リード発生後に架電、メールのアクションは完了しているが未接触のリード
- **アプローチ中**：アプローチ対象であり、やりとりが進行しているリード
- **ナーチャリング（ネクストアクションなし）**：ナーチャリング対象でネクストアクションを設定していないリード
- **ナーチャリング（ネクストアクションあり）**：ナーチャリング対象でネクストアクションを設定しているリード
- **日程調整中**：アプローチ後に日程調整になったリード
- **商談獲得**：商談を獲得できたリード
- **対象外**：リード評価の結果、アプローチ対象外となったリード

　それぞれのリードに対して、どのようなアプローチを実行したのかをメモで残しておくようにしましょう。

　たとえば、未接触・返信なしのリードであれば、「〇月〇日にコール。不在のためサービス資料をメール送付し終了」といった具合です。接触したにもかかわらずアポイントがとれずに「ナーチャリング」に分類したリードについては、「時期ずれ」「予算なし」「競合導入」など、その理由もあわ

せて記載しておきましょう。

　ネクストアクションが必要なリードは、**ToDoやタスクとして「いつ、誰が、何を」するのかまでを明記**しておくことを徹底しましょう。

━━ 活動成果

　次に、インサイドセールスの活動成果を可視化するためのダッシュボードを作成しましょう。立ち上げ期では、次のような項目をダッシュボードに設定します。

【ダッシュボードで設定する項目の例】
- 月次受注数・受注率
  - 月次流入経路別受注数・受注率
- 月次商談獲得数・商談獲得率
  - 月次流入経路別商談獲得数・商談獲得率
- 月次／週次／日次アクティビティ数
  - 月次／週次／日次架電数
  - 月次／週次／日次メール数
- 月次／週次／日次コネクト数・コネクト率
- 月次／週次／日次発生リード数

　インサイドセールスは基本的に月単位で数字を追いかけるため、各指標とも月次で設定するのが基本です。

　しかし、アクティビティ数やコネクト数、発生リード数などはよりリアルタイムで進捗を把握する必要があるため、週次、日次でもモニタリングすることをおすすめします。

　発生リード数に関してはマーケティング部門が追うべき成果ですが、インサイドセールスの成果を左右するポイントでもあるため、インサイド

セールスでも細かく追っていくようにしましょう。

Web上にSFAを有効活用・運用するためのチェックリストを公開しているのでご活用ください（https://sairu.co.jp/method/2631/）。

4-9-4 CTI

CTIとは電話とコンピューターを統合させたシステムのことです。CTIを導入することで、Webからの操作で架電や見込み顧客とのやりとりのログ管理ができるようになるほか、SFAと連携させることにより、顧客情報を参照しながら架電したり、SFAから直接架電したりできるようになります。

業務の効率化はもちろんですが、CTIを導入する大きな意味は、録音を聞き、トークの改善につなげられることです。**メンバー同士で録音を聞きあい、フィードバックしあうとよいでしょう。**

フィールドセールスに商談を渡す際、テキストだけでなくCTIに録音した音声データを共有することで商談のイメージがつきやすくなります。

活動の大半が架電であるインサイドセールスにとって、CTIは必須ツールといえます。

CTIは通話品質とコスト、録音ができるか、文字起こしができるかなどを確認しておきましょう。代表的なものとしては、MiiTel（株式会社RevComm）、Dialpad（Dialpad Japan株式会社）、Zoom Phone（ZVC JAPAN株式会社）などがあります。

CTIもSFAと同様に、機能がシンプルなものを選びましょう。

4-9-5 そのほかのツール

そのほか、必要に応じて立ち上げ期に導入するツールとしては、MAや

日程調整ツール、Web商談ツールなどが挙げられます。MAについては、「リード育成の施策を決定する」（4-12節参照）で説明します。

日程調整ツールとは、商談の日程調整を自動化できるツールのことであり、自分の空き時間を共有することで、見込み顧客に都合のよい日時を選んでもらえるようになります。

すでに全社で使用している場合もあるかもしれませんが、SFAやCRMと連携できるものもあるので、インサイドセールス専用に契約するのもよいでしょう。

Web商談ツールはオンラインセールスの立ち上げを検討している場合は必須です。顧客データの管理機能や商談内容の記録機能を備えたものもあるので、目的にあったものを選びましょう。

どのツールも基本的に無料のデモやトライアルが利用できるので、本格的に導入する前に試してみることをおすすめします。

4-10

トークスクリプトを作成する

4-10-1 あらかじめ会話の流れや内容をまとめておく

インサイドセールスは見込み顧客へ架電する際に、あらかじめ会話の流れやトークの内容をまとめた「トークスクリプト」を活用することが多いです。

トークスクリプトを作成しておくことで、スムーズに会話を進めやすくなるほか、ポイントを押さえたコミュニケーションがしやすくなります。

また今後メンバーが増えるとトークの内容が属人化してしまう可能性があるため、それを防止する役割も果たしてくれます。

4-10-2　トークスクリプトを作成・運用する際の注意点

トークスクリプトを作成・運用するうえでの注意点は次の3つです。

1. すべてのパターンを網羅しようとしない
2. 運用の徹底と効果計測を必ず行う
3. 改善を続ける

トークスクリプトは複数のパターンを用意しておくことで、ある程度の状況に対処できるようになります。

しかし、すべてのパターンを網羅しようとする必要はありません。そもそもすべてのパターンを網羅することは不可能であり、もしできたとしても覚えることはできないでしょう。

トークスクリプトはすべてのパターンを網羅して100点のトークをつくるのではなく、**見込み顧客の関心が離れてしまうポイントをなくすために作成**します。

たった1回でも見込み顧客から「御社ではない」と判断されてしまうと、そのまま関係を解消されてしまうからです。

初回アプローチから商談獲得に至る割合や、2回目のアプローチにつながる割合が低い場合は、有効なトークができていないと判断し、トークスクリプトを見直します。

チーム全員が書き込めるスプレッドシートを用意し、トークに使える新しい訴求ポイントや業界別に反応がよかったトーク、顧客に刺さる事例などを記入できるようにしておきましょう。

そのシートをもとに、月に1度はトークスクリプトを見直すことをおすすめします。

なお、トークスクリプトの作成に最初から多くの時間を割く必要はありません。

まずは簡単なものを作成し、実際に使用しながら、情報の量や優先すべき内容、肉付けが必要な部分を見つけて改善していきましょう。

4-10-3 トークスクリプトの例

トークスクリプトは基本的に**「挨拶」⇒「現状の確認（課題感や施策状況）」⇒「アポイント打診」もしくは「メール送付の打診」という構成**で作成します。

ここでは2つの場合におけるトークスクリプトの例を紹介します。

- **例① 資料請求（問い合わせ）で獲得したリードに対するトークスクリプト**（図4-13）
- **例② セミナー（ウェビナー）に参加してもらったリードに対するトークスクリプト**（図4-14）

なお、ここで紹介するトークスクリプトはあくまでも一例のため、細かい点は自社用にカスタマイズする必要があります。

自社においては、どのような会話や質問が適切であるか、また見込み顧客からどのような反応が得られそうかを念頭におきながら確認しましょう。

例① 資料請求（問い合わせ）で獲得したリードに対するトークスクリプト

■ 図4-13 資料請求（問い合わせ）経由のリードに対するトークスクリプトの例

受付トーク
お世話になっております。株式会社●●の〇〇と申します。
先ほど△△さまより、弊社の●●●●というサービスの資料請求（お問い合わせ）をいただきましたのでその件でご連絡差し上げました。
△△さまはいらっしゃいますでしょうか？

（接続した場合）

（不在の場合）
（担当者がいる時間を確認して終話・メールを送付）

担当者へ挨拶
△△さま、お忙しいなかお時間をいただきありがとうございます。
株式会社●●の〇〇と申します。
先ほど●●●●に関する資料をご請求（お問い合わせ）いただき、誠にありがとうございました。今回、資料請求（お問い合わせ）の背景を伺いたく、ご連絡差し上げました。いま、数分ほどお時間よろしいでしょうか。

はい

いいえ、結構です

終話
ありがとうございます。弊社から今後もご案内などお送りさせていただきますので、何卒よろしくお願いいたします。

現状の確認・アポイント打診
ありがとうございます。●●●●の資料をダウンロードされた方は〇〇〇や□□□について悩まれているケースが多いのですが、御社でも同じような課題をお持ちでしょうか？
（ヒアリングした内容を深掘りする）
弊社の◎◎◎（製品・サービス名）は、■■■が実現できるものであり、御社の課題への対応もまさに得意とする領域です。もしよろしければ、一度オンライン

で弊社サービスについてくわしくご説明できればと存じますが、いかがでしょうか？

はい　　　　　　　　　　　　　まだそこまで検討していません

アポイント調整
ありがとうございます。では、早速ですが●月●日の●時はいかがでしょうか？
（アポイント日程が決まったら）
調整いただきありがとうございます。この後、Web会議URLなど詳細のご案内をメールでお送りします。

ありがとうございます。
もしよろしければ、△△さまが検討されるタイミングで再度ご連絡差し上げたいと思いますので、具体的な時期だけでもご教示いただけますでしょうか？

○月ごろを
予定しております

現時点では、
まだ具体的な時期が
定まっておりません

終話
お忙しいなか、お時間をちょうだいしましてありがとうございました。

終話
ありがとうございます。それでは、〇月〇日ごろに再度ご連絡いたしますので、何卒よろしくお願いいたします。

終話
ありがとうございます。弊社から今後もご案内などお送りさせていただきますので、何卒よろしくお願いいたします。

第4章　活動指針をつくる「立ち上げ期」

例② セミナー（ウェビナー）に参加してもらったリードに対するトークスクリプト

■ 図4-14　セミナー（ウェビナー）経由のリードに対するトークスクリプトの例

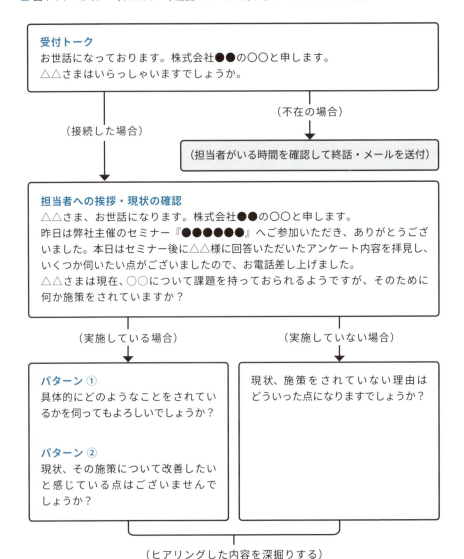

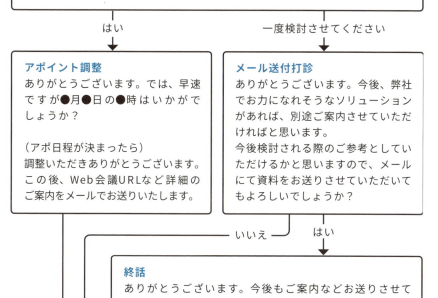

　Web上にトークスクリプト作成・運用のテンプレートを公開しているのでご活用ください（https://sairu.co.jp/method/24984/）。

4-11

メールテンプレートを作成する

4-11-1 文面の工夫次第で見込み顧客に届きやすくなる

　インサイドセールスが効率的に見込み顧客へアプローチするためには、トークスクリプトに加えて、メールテンプレートを作成しておくことも欠かせません。

　メールは電話に比べると伝えられる情報量はかぎられますが、**見込み顧客に届きやすく、文面の工夫次第では電話なしでも商談機会を得られる可能性があります。**

4-11-2 メールテンプレートを作成する際のポイント

　メールテンプレートを作成する際に意識すべきポイントは2つです。

- **メールの主旨を明確にすること**
- **見込み顧客の属性にあった内容にすること**

　メールによるアプローチでは、**見込み顧客にメールを送った目的や提供できるメリットをわかりやすく伝えることが何より重要**です。長い自己紹介や前置きは控え、できるだけ要素を絞り、主旨を明確にすることに努めましょう。

　メールは次の要素で構成します。

- 自分は何者か
- なぜいま連絡したのか
- なぜあなたに連絡したのか
- どのような価値提供ができるのか

企業規模・業種・部署・役職・検討段階などによって見込み顧客が知りたいことは異なります。

見込み顧客の立場で「どのようなオファーであれば魅力を感じるか」を考え、テンプレートを複数のパターンで作成しておきましょう。

4-11-3　メールテンプレートの例

7種類のメールテンプレートの例を紹介します。

- 例① 資料請求後のメール
- 例② 情報提供メール
- 例③ 商談打診メール
- 例④ セミナー申込後のメール
- 例⑤ 展示会のお礼メール
- 例⑥ 架電したものの接触できなかった場合のメール
- 例⑦ 架電後に資料請求を求められた場合のメール

── 例① 資料請求後のメール

件名：【自社名／担当者名】資料請求のお礼・お打合せのご依頼

○○株式会社 ○○さま

お世話になっております。
株式会社○○の○○と申します。
この度は資料をダウンロードしてくださりありがとうございます。

ぜひ一度、弊社サービスや弊社の顧客事例のご紹介、貴社の課題解決に向けたディスカッションの機会をいただければと存じます。

また、次のテーマについて幅広く情報提供が可能です。

・○○の削減
・○○の効率化
・○○の効果的な取り組み方
・○○でありがちな失敗と回避方法

つきましては、以下の日程調整ツールよりご都合のよい日程をご登録いただきますようお願いいたします。

日程調整用 URL（リンクを貼る）

また、当日をよりよい場とするため、事前確認事項について差し支えない範囲で、こちらのメールに返信いただく形でご回答いただけます

と幸いです。

■事前確認事項

・資料請求の背景、現状の課題

・課題に対して現状行っている施策

・施策を実施した時期

・貴社が実現したいこと

今後とも何卒よろしくお願いいたします。

****

〇〇株式会社

〇〇 〇〇 (名前)

電話番号：〇〇〇〇

Email：〇〇〇〇

Webサイト：〇〇〇〇

****

—— 例② 情報提供メール

件名：【自社名／担当者名】各社の事業成長に寄与したマーケティング
　　　活動のご紹介

〇〇株式会社 〇〇さま

お世話になっております、株式会社〇〇の〇〇です。

先日は弊社の〇〇に関する資料をダウンロードしてくださり、誠にありがとうございます。

本日はダウンロードしてくださった資料と近いテーマで行った調査について〇〇さまにご関心を持っていただけるのではと思い、ご案内いたします。

先日弊社が実施した事業会社様を対象としたデジタルマーケティングに関する調査でございます。

以下は調査結果の一部ですが、〇〇に関する設問で「〇〇」と回答された企業さまの割合が大幅に増加するなど、各社のマーケティング活動の変化を感じさせる結果となりました。
調査結果を添付いたしますのでよろしければご覧ください。

※調査レポートイメージ画像

調査レポートの詳細はこちら（リンクを貼る）

昨今の社会情勢から見ても、〇〇においては〇〇の傾向が強まっているため、弊社では今後も同テーマに関するお役立ち情報を発信してまいります。

一方で〇〇さまのご関心に沿わないコンテンツをお届けすることは避けたいと考えております。
もしよろしければご関心のテーマについて伺いたく、1分ほどでご回答いただけるアンケートにご協力いただけないでしょうか。

いまお悩みのこと、得たい情報などをぜひお聞かせください。
ご関心時に応じまして資料やコンテンツをピックアップし、ご案内で

きればと存じます。

▼△▼ 1分 アンケートフォーム（リンクを貼る）▼△▼

大変お手数ですが、ぜひご確認いただけますと幸いです。
　ご回答を心よりお待ち申し上げております。

****
○○株式会社
○○ ○○（名前）
電話番号：○○○○
Email：○○○○
Webサイト：○○○○
****

例③ 商談打診メール

件名：【自社名／担当者名】○○レポートのご案内とお打合せのご依頼

○○株式会社○○さま

お世話になっております、株式会社○○の○○です。
先日は弊社の○○をご案内する機会をいただき、誠にありがとうございました。

サービスページ（リンクを貼る）

その後、弊社では〇〇分野においてお伝えできるノウハウも増えてまいりました。

そこで、ぜひ〇〇さまと〇〇における情報交換ができないかと、ご連絡いたしました。

弊社からは、〇〇についての情報提供が可能でございます。

※レポートのイメージ画像

※資料ダウンロードページURL（情報入力なし）

もしご興味をお持ちでしたら、サービス詳細や他社さまの事例などについて30分ほどご案内のお時間をいただけないでしょうか。

※以下のURLから日程をご登録いただけます。

日程調整用URL（リンクを貼る）

ぜひご検討のほどよろしくお願いいたします。

****
〇〇株式会社
〇〇 〇〇（名前）
電話番号：〇〇〇〇
Email：〇〇〇〇
Webサイト：〇〇〇〇
****

── 例④ セミナー申込後のメール

件名：【自社名／担当者名】セミナー申し込みのお礼とお打合せのご依頼

〇〇株式会社 〇〇さま

株式会社〇〇の〇〇と申します。
この度は〇〇セミナーにお申し込みいただき、誠にありがとうございます。

〇〇さまは〇〇の業務に携わられていると拝見しております。
本日は、貴社の〇〇（ベネフィットを提供できるテーマを記載）に関する情報提供の機会をいただきたく、ご連絡いたしました。

弊社は、今回のテーマでもある〇〇というサービスを運営しており、〇〇を実現する「〇〇（サービス名）」を提供しております。

サービスページ（リンクを貼る）

▼導入企業例
〇〇社、〇〇社、〇〇社　など

もしご興味ございましたら、ぜひ一度サービス詳細や他社さまの事例等について30分ほどご案内のお時間をいただけないでしょうか。

お申し込みいただいたセミナーではお伝えしきれない具体事例等のご紹介や個別課題に関してご相談いただくことが可能です。

※以下のURLから日程をご登録いただけます。

日程調整用URL（リンクを貼る）

ぜひご検討のほどよろしくお願いいたします。
〇月〇日〇〇：〇〇（日時を入れる）のセミナーもご参加をお待ちしております。

＊＊
〇〇株式会社
〇〇 〇〇（名前）
電話番号：〇〇〇〇
Email：〇〇〇〇
Webサイト：〇〇〇〇
＊＊

━━ 例⑤ 展示会のお礼メール

件名：【自社名／担当者名】〇〇参加のお礼とお打合せのご依頼

〇〇株式会社 〇〇さま

株式会社〇〇の〇〇と申します。
先日は〇〇（イベント名）にご参加いただきありがとうございました。

〇〇さまと貴社の〇〇（ベネフィットを提供できるテーマを記載）に関する情報提供の機会をいただきたく、ご連絡いたしました。

弊社は、今回のイベントテーマでもある〇〇（自社サービスを一言で記載）を実現する「〇〇（サービス名）」を提供しております。

サービスページ（リンクを貼る）

▼導入企業例
〇〇社、〇〇社、〇〇社　など

〇〇（ベネフィットを提供できるテーマを記載）についてご興味お持ちでしたら、ぜひ一度サービスの詳細や他社さまの事例等について30分ほどご案内のお時間をいただけないでしょうか。

※以下のURLから日程をご登録いただけます。
日程調整用URL（リンクを貼る）

また、弊社では定期的にイベントやセミナーを開催しております。
もし気になるものがございましたらお気軽にご参加ください。

〇〇月〇〇日(〇)〇〇：〇〇-
イベントタイトル：〇〇
お申し込みURL

改めて、私〇〇よりお電話にてご案内させていただきたく存じますが、もし不要の場合はお申し付けください。
引き続きよろしくお願いいたします。

```
********************************************
〇〇株式会社
〇〇 〇〇（名前）
電話番号：〇〇〇〇
Email：〇〇〇〇
Webサイト：〇〇〇〇
********************************************
```

—— 例⑥ 架電したものの接触できなかった場合のメール

件名：【自社名／担当者名】過日の御礼と個別のご連絡

〇〇株式会社 〇〇さま

大変お世話になっております。
株式会社〇〇の〇〇と申します。

先ほど以下よりお電話いたしましたがご不在でしたので、取り急ぎ要件のみメールにてお伝えいたします。

0X0-0000-0000

先日は資料請求いただきありがとうございました。

弊社が提供する〇〇〇〇は〇〇〇〇していただくことで〇〇〇〇の〇〇〇〇を実現できるサービスとなっております。

〇〇さまにはぜひ当社サービスの詳細や事例をご説明しながら、〇〇〇〇の課題解決に向けたご提案をさせていただきたく存じます。

よろしければ、以下のURLよりご都合のよい日程をご選択いただけますと幸いです。

日程調整用URL（リンクを貼る）

また、弊社のクライアントで、貴社と近しい〇〇業界や〇〇に関する課題を解決した事例がございますので、ご参考になれば幸いです。

事例ページURL（リンクを貼る）

大変恐れ入りますが、ご確認のほどよろしくお願いいたします。

****
〇〇株式会社
〇〇 〇〇（名前）
電話番号：〇〇〇〇
Email：〇〇〇〇
Webサイト：〇〇〇〇
****

── 例⑦ 架電後に資料請求を求められた場合のメール

件名：【自社名／担当者名】お電話の御礼と資料のご共有

〇〇株式会社 〇〇さま

大変お世話になっております。
株式会社〇〇の〇〇でございます。

先ほどはお忙しい中、ありがとうございました。

〇〇〇〇のサービス資料を送付させていただきます。

弊社が提供する〇〇〇〇は〇〇〇〇していただくことで〇〇〇〇の
〇〇〇〇を実現できるサービスとなっております。

▼導入企業例
株式会社〇〇〇〇
株式会社〇〇〇〇
株式会社〇〇〇〇
株式会社〇〇〇〇
事例一覧ページ（リンクを貼る）

〇〇さまにはぜひ当社サービスの詳細や事例をご説明しながら、〇〇
〇〇の課題解決に向けたご提案をさせていただきたく存じます。

（再架電の合意がとれている場合）
それでは、X月X日X時ごろに再度ご連絡いたします。
資料に関するご不明点があればその際にご質問いただければと存じま
す。

（再架電の合意がとれていない場合）

よろしければ、以下のURLよりご都合のよい日程をご選択いただけますと幸いです。 こちらのメールにご返信いただいても差し支えございません。

日程調整用URL（リンクを貼る）

大変恐れ入りますが、ご確認のほどよろしくお願いいたします。

****

〇〇株式会社

〇〇 〇〇（名前）

電話番号：〇〇〇〇

Email：〇〇〇〇

Webサイト：〇〇〇〇

****

4-12

見込み顧客にアプローチする

4-12-1 「Why Now」「Why You」を必ず伝える

ここまでの事前準備が完了したら、いよいよ見込み顧客にアプローチします。初回は架電によるアプローチが基本です。

見込み顧客に架電する際に意識すべきことは**「Why Now（なぜいま連絡したのか）」「Why You（なぜあなたに連絡したのか）」**をきちんと伝えることです（図4-15）。

　見込み顧客は忙しいなかで電話に応対しています。「なぜいま、自分に電話をしてきたのか」について明確に説明できない人と、わざわざ時間を割いて話をしたいと思うでしょうか。電話を受ける相手の心情や状況を理解し、コミュニケーションを深めていく姿勢でアプローチを行いましょう。

■ 図4-15　見込み顧客に「なぜいま、あなたに連絡したのか」を明確に伝える

Why Now なぜいま連絡したのか	**Why You** なぜあなたに連絡したのか
● 決算期直後のタイミングだから ● 自社サイトから資料を 　ダウンロードしてくれたから ● プレスリリースを見たから	● 執行役員に昇格したから ● 外部・自社インタビューを 　見たから ● ○○業務を管掌しているから ● ○○業務の実務担当だから

　また、アプローチする見込み顧客のなかには、課題が顕在化していない人もいます。類似事例を伝えながらヒアリングを行い、潜在的な課題を一緒に言語化していくとよいでしょう。

4-12-2　「ニーズの裏にあるニーズ」を引き出すことが大事

　初回アプローチでは、トークスクリプトをもとに、次のようなことをヒアリングします。

【見込み顧客にヒアリングすること】

● 資料請求の経緯・背景は？

● どのような課題感があるか？

● 担当者の立場は？

● 実現したいことはなにか？

● それはいつまでに実現したいのか？

● 予算はどれくらいで検討しているのか？

● 競合との比較はしているか？

　このときに大事なのは、上記のようなことをヒアリングして回答を得る
だけではなく、その背景や理由を深掘っていき、**ニーズの裏にあるニーズ**
を引き出すことです。たとえば、次のような会話をしていきながら、見込
み顧客のニーズの裏にあるニーズを引き出します。

【見込み顧客とのやりとりの例】

インサイドセールス　資料をダウンロードされた理由をお伺いしても
よろしいでしょうか。

見込み顧客　Webマーケティングを強化したいからです。

インサイドセールス　御社のホームページを拝見するかぎりでは、こ
れまでにもいろいろな施策をやられてきたように思うのですが、具体
的にどのあたりを強化したいとお考えでしょうか。

見込み顧客　SEOです。

インサイドセールス　どうしてSEOを強化したいのでしょうか。

見込み顧客　直近で自社サイトの順位が下がってきて、獲得リードが
減っているからです。

インサイドセールス　リードの獲得経路はSEOだけですか。

見込み顧客　年に数回展示会に出展しており、そこで獲得するリード

も多いですね。

インサイドセールス　展示会で獲得したリードに対してはどのように
アプローチされているのでしょうか。

見込み顧客　実は名刺の管理ができておらず、オフラインで獲得した
リードにはあまりアプローチできていません。

インサイドセールス　ここまでのお客さまのご状況を伺いますと、
SEOを強化する前に、まず名刺の管理を検討されることが、課題解決
につながるかと思いますがいかがでしょうか。

　上記の例では、見込み顧客はSEOを強化したいという理由で資料をダウ
ンロードしました。しかし、根本的な課題は獲得リードが減っていること
であり、その課題についても深掘りしていくとSEO強化以前に取り組むべ
き施策があることがわかります。

　このように、課題やニーズを深掘りすることで見えてくる根本的な課題
やニーズを、筆者は**ニーズの裏にあるニーズ**とよんでいます。ニーズの裏
にあるニーズを引き出すことができれば、見込み顧客に対して提供できる
価値が増えるため、顧客単価の向上にもつながります。

　ただ、ニーズの裏にあるニーズを引き出すためには、自社の製品・サー
ビスについて深く理解している必要があります。自社の製品・サービスに
ついての理解が浅いと、課題やニーズを深掘りするような質問が難しいか
らです。

　見込み顧客にヒアリングするにあたっては、まずは自社の製品・サービ
スについて深く理解することを心掛けましょう。

　架電しても応答がなかった場合、見込み顧客が偶然出られなかった可能
性もあれば、営業電話を拒否している可能性もあります。製品・サービス
の検討意欲が低いと判断できる場合は、何度も電話をするより、メールに
切り替えて連絡をしたほうがよいでしょう。

業界や企業によっては、SMSを利用する場合もありますが、一度電話に応答してくれた見込み顧客に対し、2回目以降の連絡方法として合意を得たうえで利用するのがよいでしょう。初回アプローチからSMSを利用すると、そのまま着信拒否リストに入れられてしまうことがよくあります。

4-12-3　見込み顧客は3つのタイプに分かれる

インサイドセールスの活動の大半を占めるのは、架電です。電話でのコミュニケーションは顔が見えない分、想像力が求められます。大事なのは、見込み顧客のタイプを見極めてコミュニケーションをとることです。

見込み顧客のタイプは、**自ら積極的に話をしてくれる能動タイプ、聞かれたこと以外には回答しない受動タイプ、質問に対して消極的な会話拒否タイプ**の3つに大別できます（図4-16）。各タイプ別にどのような対応が有効かを事前に考えておくと、コミュニケーションがスムーズになります。

また、見込み顧客のタイプ（能動・受動・会話拒否）はSFAに記録しておくとよいでしょう。ただ、相手のタイプの見極めは主観的な評価にならざるを得ないので、選択項目ではなく、あくまでも担当者の解釈としてメモ欄に記載しましょう。

ちなみに才流では、メモ欄に顧客のタイプだけでなく、ヒアリング内容およびセミナーアンケートや商談前アンケートの回答内容をすべて記載しています。

4-12-4　検討意欲が低い見込み顧客への対応

「検討意欲が低くても、ターゲットであればアプローチすべきでしょうか」という相談を筆者はよく受けます。

基本的に、インサイドセールスはターゲットと合致するのであればアプ

■ 図4-16　3つの顧客タイプ

能動タイプ

アポが
取得しやすい

- 積極的に話をしてくれる
- ヒアリング項目にすべて回答してくれる

受動タイプ

進め方次第で
アポを取得できる

- 聞かれたこと以外は回答しない
- ➡ ヒアリングを重ねても盛り上がらないため、即テストクロージング（検討意思、課題感の確認）を行う

> 例　○○に課題がある企業が多いのですが、
> 御社はいかがですか？
> もし課題に感じていれば
> 一度お打合せしませんか？

会話拒否

アポが
取得しにくい

- 質問に対して消極的で
「いいえ」や「とくにないです」と回答する
- ➡ セールスを望んでいないため、ヒアリングなどせずに会話を終了させる

ローチすべきだと考えています。検討意欲が低い段階でも、適切なタイミングで価値ある情報を提供し続けることで、商談、受注につなげることがインサイドセールスの役割だからです。

　ただし、検討意欲が低いことを前提にアプローチする場合は、自社の製

品・サービスを売り込むような提案ではなく、見込み顧客が興味を示してくれるであろう内容を提案することを心掛けましょう。

たとえば、「御社の中期経営計画にあった〇〇という課題を解決した競合の△△社の事例があるのでディスカッションしませんか」というような感じです。製品・サービスの紹介ではなく、ディスカッションへとハードルを下げるのがポイントです。

4-12-5 見込み顧客とのコミュニケーションも積極的に自動化する

近年は、インサイドセールスのあらゆる作業がツールを活用することで自動化できるようになりました。**見込み顧客とのコミュニケーションも人手に頼らず自動化できるところは積極的に自動化することで、業務の効率化を図ることができます**。たとえば才流では、商談が決まっている見込み顧客を対象に事前アンケートを実施しており、そのアンケートもHubSpotでフォームを作成し、自動的に送付されるようになっています。

【才流における商談前アンケート項目】
- 対象サービス名
- 対象サービスの導入社数
- 対象サービスの価格
- 対象サービスのターゲット企業
- プロジェクトにかかわる社内体制
- 課題に感じていること
- 実現したいこと
- 検討中の施策（予算、候補など）
- 実行中の施策
- 初回商談の参加者

見込み顧客へのヒアリングは必ずしも人が行う必要はなく、むしろツールを活用したほうが抜け漏れなく情報を収集することができます。

見込み顧客とのコミュニケーション業務を自動化することに抵抗を感じる人もいますが、基本的な対応については自動化することで時間やリソースの節約になるだけでなく、成果にもつながりやすいためおすすめです。

4-13

リード育成の施策を決定する

4-13-1　リード育成の3つのステップ

リード育成とは、新規で獲得したリードや失注したリード、商談化しなかったリードに対して継続的にコミュニケーションをとり、商談・受注につなげるための活動のことです。しかし、言葉どおりに「リードを育成する」ことは現実的には困難であるため、「検討意欲の高いリードを発見する」ことに主眼をおきましょう。

検討意欲の高いリードを発見するためには、継続的にコンテンツを提供する必要があります。育成対象のリードに対しコンテンツを作成・送付し、反応があったリードのなかから、自社が定義した有効リードを抽出し、アプローチを行うのです（図4-17）。

■ 図4-17　リード育成の3ステップ

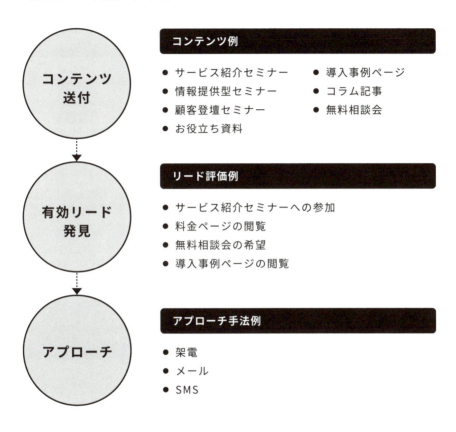

4-13-2 商談に近いリードを後押しするコンテンツほど優先度は高い

　提供するコンテンツはリードの属性や行動によってカスタマイズしましょう。たとえば、リードがデジタルマーケティングの現場担当者の場合は、広告運用の改善方法について情報を探しているかもしれません。デジタルマーケティングの責任者の場合は、商談数を最大化するための施策について情報を探しているかもしれません。

■ 図4-18　より商談に近いリードを後押しするコンテンツを優先的に作成する

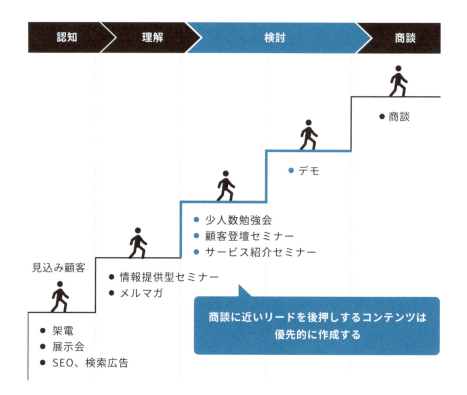

　こうしたリードの属性や行動によって提供するコンテンツを変えることで、成果につながりやすくなります。誰に向けてどのようなコンテンツを届け、その後どのようにアプローチをするかまでを決めておきましょう。

　コンテンツの作成自体はマーケティング部門が担当することが多いですが、インサイドセールスの協力は不可欠です。とくに見込み顧客との直接の対話から得られるフィードバックを伝えることは重要であり、ときにはインサイドセールス自身がコンテンツを作成しても構いません。

　作成するコンテンツの優先順位は第3章で説明したコミュニケーションの階段設計で考えます。基本的には、**より商談に近いリードを後押しする**

コンテンツほど成果に直結しやすいため優先順位は高くなります。たとえば、少人数勉強会や顧客登壇セミナー、サービス紹介セミナー、デモなどです（図4-18）。育成対象のリードには最低でも週1回はメールを配信し、自社のコンテンツを案内しましょう。

4-13-3　MAの導入によってできること

インサイドセールスがリード育成の施策を実行するにあたって検討したいのが、MAの導入です。MAとは、マーケティング施策の自動化・効率化をサポートするツールのことです。リード管理、メール配信、LP（Landing Page：ランディングページ）作成、自社サイトのアクセス解析、フォーム作成などのさまざまな業務を自動化・効率化できます。

■ 図4-19　MAの活用イメージ

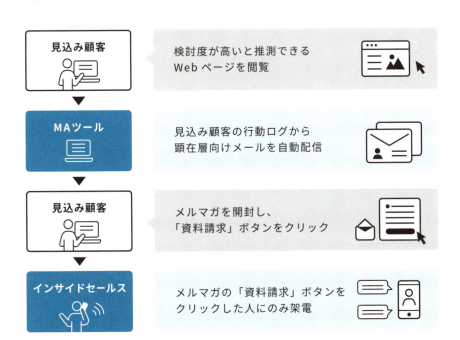

MAを導入する主なメリットは、次の3つです（図4-19）。

- 見込み顧客の興味関心事項を推察できる
- 特定の条件で見込み顧客をスクリーニングできる（有効リードを抽出できる）
- メルマガやセミナーの申し込みに対するお礼メールやアンケート送付などを自動化できる

　MAを導入することで見込み顧客の行動ログが可視化されるため、そのデータをもとに興味・関心にもとづいたアプローチが可能となります。

4-13-4　MAに記録されるリードの行動とアプローチの例

　たとえば、2023年4月1日のセミナーにはじめて参加したリードをMAに登録したとします。その後リードが同年9月3日に配信したメールマガジンをクリックし、ブログを閲覧。2024年3月4日にGoogle検索経由で自社サイトを訪れ、事例ページを閲覧したあと、資料請求したとします。このとき、MAにはリードの行動がすべて、日付や時刻とともに記録されています（図4-20）。

　図4-20のリードならば、次のようなアプローチが考えられます。

【アプローチの例】

A：セミナーのアンケートで、「サービス資料がほしい」など製品・サービスに対する興味関心が高いと判断した場合

- セミナー終了後すぐに架電し、ヒアリングと商談化を狙う
- ブログ閲覧時、そのブログの関連情報をメールで送付する
- 事例ページ閲覧時、同業種か同業界、あるいは参加したセミナー

に関連した課題に関連する事例をメールで送付する

B：セミナーのアンケートで、製品・サービスに対する興味関心が低い
と判断した場合

● 問い合わせがあった場合のみに架電する

　保有するリード数が少ない場合は、手動での管理が可能なため、必ずしもMAを導入する必要はありません。目安として、リード数が5,000件を超えるような場合には、MAを導入したほうがよいといわれています。

■ 図4-20　MAによるリードの購買履歴把握機能のイメージ

	アクセス	スコア	流入元
リード登録	2023/04/01	——	セミナー
ブログ	2023/09/03 13:10:10	5	マーケティングの手法大全 - 社内会議で使える88個の施策アイデア｜株式会社才流 https://sairu.co.jp/doemote/0136
再訪問	2024/03/04 11:10:00	5	(direct)
事例	2024/03/04 11:10:12	30	マーケティング支援事例｜株式会社才流 https://sairu.co.jp/caseBtoB
コンバージョン	2024/03/04 11:12:30	5	お問い合わせ｜株式会社才流 https://sairu.co.jp/contactBtoB

（URLはダミー）

ただし、リード発生から3年以上経過しているようなリードは、部署異動をしていたり、退職していたりすることも十分考えられます。

そのため、**直近1、2年程度で獲得したリードが5,000を超えている場合に導入を検討するとよい**でしょう。

MAを導入しない場合は、フィールドセールスに「顧客の検討のきっかけは何だったか」「課題は顕在化していたか」「どのような検討フローで受注に至ったのか」などをヒアリングし、見込み顧客の興味関心が高まるタイミングを探りましょう。

Web上にMAを有効活用するためのチェックリストを公開しているのでご活用ください（https://sairu.co.jp/method/2611/）。

4-13-5　顧客理解を深めるための施策

見込み顧客の課題感やニーズに応じた最適なコンテンツを提供するためには、見込み顧客に対する理解を深めることが不可欠です。そのためにできる施策としては、図4-21のようなものがあります。

インサイドセールスが単独で実施するのは難しいので、マーケティング部門と連携しながら進めましょう。

上記の各施策については、Web上に公開している「BtoBマーケティングガイドブック」でくわしく解説していますのでご参照ください（https://sairu.co.jp/guide/download_form/btob-marketing/）。

■ 図4-21　顧客理解を深めるための13の施策

手法	内容
1. ユーザーインタビュー	見込み顧客または既存顧客へのインタビュー
2. ユーザーテスト	見込み顧客や既存顧客に製品・サービスを触ってもらったり、利用してもらい、その様子を観察するテスト
3. エキスパートインタビュー	専門家や有識者へのインタビュー
4. 導入事例の分析	自社または他社の事例を読み込んで分析
5. レビューサイトの口コミの確認	自社および競合の製品・サービスの口コミをレビューサイトで確認。IT系サービスであれば、ITトレンド、ITreview、BOXILなどのレビューサイトがある
6. ソーシャルリスニング	X（旧 Twitter）や Facebook などのソーシャルメディア上で発信されている情報を収集し、分析
7. 顧客とのやりとりや問い合わせ内容を分析	営業担当と顧客のやりとり、顧客からの問い合わせ内容といった「顧客の声」を集約して分析。SFA や CRM などで集約するのが一般的
8. フロント部門との情報共有・インタビュー	顧客との接点が多い社内のフロント部門（営業、カスタマーサクセスなど）へのインタビュー
9. アンケート（定量調査）	自社が保有するリードを対象に自社でアンケートを実施したり、調査会社に委託してアンケートを実施
10. 製品・サービスの一部顧客への先行提供	新サービスや新機能をリリースした際などに、一部の顧客に先行して提供し、その顧客からフィードバックをもらう
11. 顧客として店舗・ショールームに訪問	自社製品・サービスのターゲットとなる企業が店舗やショールームを構えている場合、顧客として訪問し、製品やサービスを見たり、接客を受けてみる
12. 従業員の口コミを確認	OpenWork などで、顧客となる企業で働いた経験のある従業員の口コミを確認
13. 商談同席	フィールドセールスの商談に同席

第 **5** 章

チームを強くする
「成長期」

インサイドセールスが「チーム」として形を成すのが成長期。チームとして活動していくための土台をつくっていくフェーズです。

メンバー間の連携を強化するだけでなく、個々のパフォーマンスを向上させる仕組みを構築できるかどうかが、今後の成果を大きく左右します。

また、成長期では立ち上げ期で設定した各種ルールの見直し、改善も行います。マネージャーが主体となって進めるものの、チームの活動指針となるものなので、メンバーの意見も積極的に取り入れるようにしましょう。

本章では、インサイドセールスの成長期で取り組むべきことについて解説します。

5-1

成長期の全体像

5-1-1　チームとして活動するための土台をつくる

　立ち上げ期で運用が軌道に乗り、対応するリード数や求められる商談数が増え、インサイドセールスの人数を増やす必要が出てきたら、成長期と考えます。

　チームとして成果を出すために、活動ルールや実行体制の見直しを進めていくフェーズです。

　KPIは引き続き商談数を追いますが、より受注につながりやすい質の高い商談をフィールドセールスから求められることもあるため、有効商談数をKPIに設定することもあります（図5-1）。

　成長期で取り組むべきこと7つ、必要に応じて取り組むとよいこと4つを順番に、一つひとつ解説します。

5-2

チームのダッシュボードを作成する

5-2-1　業務進捗やパフォーマンスを把握

　チームメンバーが増える成長期では、メンバーの業務進捗やパフォーマ

■ 図5-1　成長期の全体像

成長期

人数｜2～5名

目指すゴール

チームの土台づくりと商談の質向上に向けた調査・見直し

想定されるKPI

- 商談数　● 有効商談数

成長期に取り組むこと　　　　　　★：継続的に取り組むこと

- チームのダッシュボードを作成する
- 評価制度を設計する
- リードに優先順位をつける
- ロープレを実施する ★
- 切り返しトーク集をつくる ★
- 競合を調査する ★
- 導入事例を調査する ★
- 見込み顧客にアプローチする ★

必要に応じて取り組むこと

- 活動スケジュールを決める
- 商談化の基準を見直す
- KPIを見直す
- インサイドセールスの理想の姿を定義する
- トークスクリプト・メールテンプレートを見直す ★

ンスを把握するためのダッシュボードが必要になります（図5-2）。設定すべき項目（指標）は、第4章のSFAの導入設定で紹介したもののほか、成長期以降は「月次有効商談数・有効商談率」を加えてもよいでしょう。

【ダッシュボードで設定する項目の例】

● 月次受注数・受注率
　　• 月次流入経路別受注数・受注率
● 月次有効商談数・有効商談率
　　• 月次流入経路別有効商談数・有効商談率
● 月次商談獲得数・商談獲得率
　　• 月次流入経路別商談獲得数・商談獲得率
● 月次／週次／日次アクティビティ数
　　• 月次／週次／日次架電数
　　• 月次／週次／日次メール数
● 月次／週次／日次コネクト数・コネクト率
● 月次／週次／日次発生リード数

※必要に応じて、週次、日次で設定

5-2-2　全体の流れが把握できるように設計

　ダッシュボードは、リード獲得から商談、有効商談、受注といったチーム全体がモニタリングすべき数値を**時系列順に左から右に並べていきます**。営業プロセス全体の流れが把握しやすくなり、どの段階にボトルネックがあるかを特定しやすくするためです。

　筆者はよく「リード獲得から受注までのストーリーが見えるか」と表現

■ 図5-2 インサイドセールスのダッシュボードの例

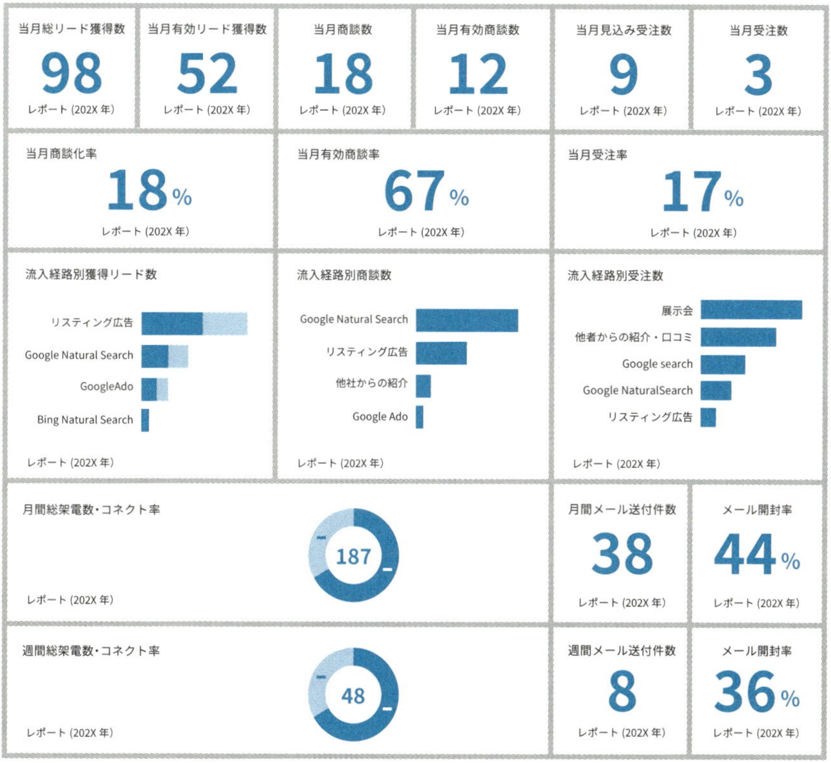

しますが、ストーリーが見えるようにデータを並べると、現状のボトルネックを把握しやすく、どのようなアクションをとればよいのかをイメージしやすくなります。たとえば、リード数は順調に増えているものの商談数が低迷している場合、その原因がリードの質なのか、リード評価の方法なのか、アプローチの方法なのかを特定し、打ち手を考えます。この場合はリードの評価基準の見直しやトークスクリプトの改善といった打ち手が考えられるでしょう。

また、商談、受注など一般的な営業プロセスだけでなく、**受注に大きく**

影響するプロセスがある場合は、それも項目に盛り込みましょう。たとえば、デモのトライアルを実施したリードは受注率が高いという傾向がある場合は、トライアル実施数をダッシュボードの項目に追加します。

5-2-3　メンバーはセルフダッシュボードを作成する

　チーム全体のダッシュボードとは別に、メンバーは各自のパフォーマンスを確認するためのセルフダッシュボードを作成しましょう。セルフダッシュボードには、アクティビティ数（架電数やメール数）や商談獲得数はもちろんのこと、受注数も記録します。

　受注数は商談を担当するフィールドセールスが責任を負うものというイメージがあるかもしれませんが、インサイドセールスにとっての最終ゴールは受注であり、受注への貢献度を可視化することで、モチベーションの向上につながります。

　また、メンバーのパフォーマンスを評価する際は、商談獲得数や有効商談獲得数に重きを置きがちです。それ自体は問題ありませんが、単にその数値だけを見るのではなく、どの流入経路で獲得したリードにアプローチをしているのかを見るようにしましょう。

　メンバーによってはそもそも商談化しにくいリードを多く担当していることもありえるため、単純に商談獲得数だけでパフォーマンスを判断できないからです。加えて、流入経路別に注目することで、メンバーの流入経路による得意／不得意が見えてくるという利点もあります。

5-3

評価制度を設計する

5-3-1 KPIの達成率と定性的な側面の両面を見る

　続いて、メンバーの評価制度を設計します。評価制度は、**KPIの達成率を見るのが基本**です。経験が浅いメンバーには架電数やメール数といった行動指標に、経験が豊富でスキルが高いメンバーには商談獲得数や有効商談獲得数といった成果指標に評価基準を置くとよいでしょう。

　また、筆者は**定性的な側面も評価基準に加えるべき**だと考えています。インサイドセールスは見込み顧客が最初に出会う人、いわば「企業の顔」だからです。自社のミッションやバリューを体現できているか、見込み顧客にとってよりよい体験を提供しているか、見込み顧客を理解するための行動をしているかなどもあわせて評価しましょう。

　たとえば、自社のカルチャーが「自発的に行動し、主体性を持って問題解決に取り組む」ならば、次のような評価基準を設けるとよいでしょう。

【定性評価基準の例】
- 商談のトスアップ時に自分なりの＋αの情報を載せており、フィールドセールスからの評判もよい：◎
- 商談のトスアップ時に自分なりの＋αの情報を載せている：○
- 商談のトスアップ時に必要最低限の情報だけを載せている：▲

　とはいえ、インサイドセールスの評価制度は定量評価が中心になります。定性評価は補完的な役割としてとらえ、配分は定量評価80〜90％、定

性評価10〜20％くらいに設定するとよいでしょう。

　また、インサイドセールスの役割や目標は、会社や組織のフェーズによって変化します。評価制度も変化にあわせて、最低でも**年に１度は見直すようにしましょう**。大きな組織変更があった場合も同様に見直しを検討するとよいでしょう。その際、評価制度を変更する理由や背景についてメンバーに説明するのを忘れないようにしてください。

5-3-2 　「1on1」で意識すべきこと

　1on1とは、マネージャーとメンバーが一対一で行う面談で、メンバーのパフォーマンスや目標達成状況を定期的に確認し、日々の業務に関するフィードバックを提供する場として重要な役割を果たします。

　1on1において評価の振り返りを行う際は、**マネージャーから一方的に何かを伝えるのではなく、メンバーと一緒に改善点や対策を話しあう場にする**とよいでしょう。

　商談獲得についての相談、製品・サービスに対する不明点の解消、フィールドセールスとのコミュニケーションや連携プロセスの課題などを現場視点で話しあい、チーム全体で共有・改善していけると、成果の底上げにつながります。

　また、業務に関する話題だけでは堅苦しいので、それ以外の話題について話すのもよいでしょう。とくに、インサイドセールスはリモートで勤務する人が多い職種でもあるため、定期的に雑談できる場を用意しておくことで、安心感にもつながります。

　1on1の実施頻度は、成長期においては各メンバーにつき週１回、30分を目安に設定しましょう。メンバーが増えてきたら２週間に１回にするなど、状況に応じて頻度を調整しましょう。

5-3-3 インセンティブ制度は設けない

　多くの営業組織では、一定の成果や目標を達成したメンバーに特別報酬という形で給与やボーナスに反映させるインセンティブ制度を設けています。インセンティブ制度はメンバーのモチベーションやパフォーマンス向上につながる取り組みではあるものの、インサイドセールスにおいては基本的におすすめしません。なぜなら、**受注につながらない無駄な商談が増える可能性が高い**からです。

　もしインセンティブ制度を設けるならば、その評価基準は商談獲得数ではなく受注数（自分が創出した商談から受注した件数）や受注額に設定するのがよいでしょう。無駄な商談が増えることがなく、受注につながりやすい質の高い商談の増加を期待できるからです。

　ただし、なるべくインサイドセールスではインセンティブ制度は設けず、一定の成果や目標を達成したメンバーに対してはインセンティブではなく、基本給与に反映するようにしましょう。

5-4

リードに優先順位をつける

5-4-1 リードが1万件を超えたら優先順位づけは必須

　インサイドセールスは、あらゆるステータスの膨大なリードを管理します。優先順位を決めずにリード全件にアプローチしてしまうと、生産性が

低下し、本当にアプローチすべきリードへの対応が遅れてしまいます。

　立ち上げ期のリード評価は「有効リードかどうか（アプローチすべきリードかどうか）」に重点を置きましたが、成長期以降は保有するリード数が増えるため、さらなる優先順位づけが必要になります。目安として、**保有するリードが1万件**を超えたら、優先順位づけを行うようにしましょう。

5-4-2　属性と行動の2軸に分けて整理する

　リードの優先順位は**属性と行動の2軸で大まかなランクに分けて整理すること**をおすすめします。前提として、この時点でのリードは「有効リード」と判定したものを指します。属性は過去に受注した企業の傾向を分析し、業種や売上規模、従業員数、部門、抱えている課題などでランク分けをします。行動は「自社を認知しているか」が重要となります。

　自社を認知しているリードは、認知していないリードと比べて、商談化および受注に至る可能性が高く、筆者の感覚では2倍以上の差があると感じています。そのため、次のような行動は優先度が高くなります。

- **資料請求**
- **問い合わせ**
- **自社セミナーへの参加**

　また、過去に商談を実施したリードも優先度は高いです。逆に、カンファレンスに協賛し、リードの共有を受けた場合などは自社を認知していない可能性もあるので優先順位は低くなります。

　リードの優先順位づけは、属性と行動をそれぞれ優先度に応じて3つくらいのランクに分類し、整理するとよいでしょう。たとえば、リードの流入経路と売上規模を基準に優先度を3つのランクに分けたとすると、次の

ように整理できます（図5-3）。

■ 図5-3　アプローチの優先順位づけの例

流入経路＼売上規模	年商10億円未満	年商10億円〜50億円	年商50億円以上
● 資料請求 ● 問い合わせ ● 個別相談会の参加	中	高	高
● 事例紹介セミナーの参加 ● サービス紹介セミナーの参加	低	中	高
● お役立ち資料のダウンロード ● カンファレンスの参加	低	低	中

　優先順位づけしたリードはインサイドセールスとフィールドセールスがいつでも確認できるようにSFA内でリスト化しておきましょう。

5-4-3　優先順位づけはスコアリングでは行わない

　一般的にリードの優先順位はSFAやMAを活用し、属性と行動をスコアリングして決定することが推奨されています。たとえば、自社のペルソナに近い属性に高いスコアを与え、さらに製品・サービスへの検討意欲が高いと思われる行動にも高いスコアを付与して判断する方法です（図5-4）。

　しかし、このスコアリングによる優先順位づけはおすすめしません。なぜなら、2-2のリード育成の節でも説明したように、**見込み顧客の検討意欲はスコアのように積み上がっていくものではなく、ふとしたきっかけで**

急激に高まるものだからです。図5-4の例でいうと、あるリードがメルマガのURLを20回クリックしたら20点という評価になりますが、そのリードの検討意欲が本当に高いかどうかはわかりません。

実は、筆者の原が経営するセールスリクエストでも、スコアリングによる優先順位づけを実施していた時期がありました。しかし、スコアの改善や積み上げは商談や受注に大きな影響を与えてはいませんでした。

■ 図5-4　リードの属性と行動のスコアリングの例

リードの属性	スコア
☐　ターゲットとする業種である	6点
☐　従業員数が 1,000 名以上である	5点
☐　売上高 3 億円以上である	4点
☐　すでに他社製品を使っている	3点
☐　役職者である	2点
☐　所在地が首都圏である	1点

リードの行動	スコア
☐　問い合わせ・資料請求をした	6点
☐　サービス紹介セミナーに申し込みした	5点
☐　料金ページなど特定のページを閲覧した	4点
☐　サービスに関連するテーマのセミナーに参加した	3点
☐　お役立ち資料をダウンロードした	2点
☐　メルマガの URL をクリックした	1点

もちろん、商談や受注につながる優先順位が高い属性と行動を定義することは重要です。ただ、それをスコア化し「〇〇点以上になったらアプローチする」というような方法はおすすめしません。リード管理で重要なのは、リードの検討意欲が高まったタイミングを逃さないことです。そのために、**リードが特定のアクションを起こしたらすぐにアプローチする「1アクション1通知」の仕組みをつくる**ことをおすすめします（図5-5）。

　1アクション1通知では、**検討意欲が高いと思われる行動を起こしたリードにすぐにアプローチ**します。はじめに検討意欲が高いと思われる行動を仮説でリストアップし、アプローチを繰り返すことで「その行動をとった見込み顧客は本当に検討意欲が高いのか」を検証できます。徐々にリードの選定が洗練され、無駄なアプローチが減っていくでしょう。

■ 図5-5　1アクション1通知によって検討意欲の高い見込み顧客にすぐにアプローチできる

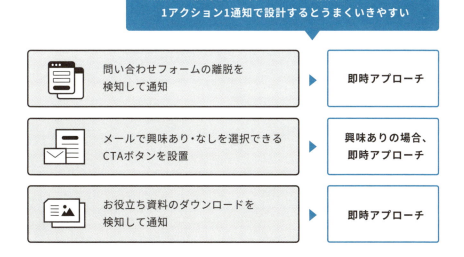

　ここまでは成長期に必須で取り組みたいことを解説してきました。これ以降に解説するものは成長期以降も継続的に取り組むべきことです。

5-5

ロープレを実施する

5-5-1 ロープレの評価基準

　立ち上げ期に見込み顧客への架電アプローチを実施し、成功パターンと失敗パターンが見えてきたら、評価基準を設定し、ロープレ（ロールプレイング）を実施しましょう。ロープレとは、インサイドセールス役と見込み顧客役に分かれて、実際の営業現場でのやりとりを再現することで対応力や提案力を磨くトレーニング方法です。インサイドセールス役と見込み顧客役だけでなく、プレイヤーとは別に評価者も交えて実施しましょう。

　ロープレで重要なのは、評価基準を明確にすることです。評価基準がないままに実施しても、何がよかったのか、何を改善すればよいのかがわかりません。まずは、どのような状態（話し方、ヒアリング、提案内容など）が理想なのかを定義し、それに沿って評価するようにしましょう。

　ロープレの評価基準の例として、次のようなものが挙げられます。

【ロープレの評価基準の例】

話し方

- 相手と同じスピードで話せている
- 語尾が尻すぼみになっていない
- 声に抑揚がある
- フィラーがない（フィラー：「ええと」「あの」など発話の合間の言葉）
- 適度な「間」を開けている
- 自信を持って説明している

ヒアリング

- 事前に用意したヒアリング項目を漏れなく聞いている
- 事前調査をふまえ、本領域にくわしいことがわかるような聞き方をしている
- 見込み顧客の課題・ニーズを聞き出している
- 質問が分断せずストーリーとして流れるように聞いている
- 具体的に答えやすいように、質問の仕方を工夫している

製品・サービスの提案

- 「Why Now」「Why You」を伝えている
- 型どおり抜け漏れなく説明している
- 見込み顧客にとって不要な箇所は説明を削除している
- 競合にない自社の提供価値（バリュープロポジション）を説明している
- 費用対効果を定量的に伝えている
- 見込み顧客にあわせた事例を紹介している
- 主語を見込み顧客にしている（×「当社の製品は」○「御社の課題は」）
- 見込み顧客が誤解を招く表現がない（機能・提供価値・事例・金額などはとくに注意）
- 説明過多になっていない

クロージング

- 見込み顧客の検討段階に応じた提案ができている
- 枕詞を使って商談を打診し、見込み顧客に心理的な負担をかけない工夫をしている
- 商談の日程候補を明確に打診できている

　ロープレの評価基準は、見込み顧客へのアプローチを実践するなかでの気づきをふまえ、アップデートしていきましょう。また、評価基準はあまりに多すぎると評価者が混乱する可能性があるので、とくに課題感が強い

ものに絞って設定するようにしてください。

Web上にロープレに使える評価シートを公開しているのでご活用ください（https://sairu.co.jp/method/16219/）。

5-5-2　ロープレを実施する際に意識したいこと

ロープレはインサイドセールス役、見込み顧客役、評価者の少なくとも3名以上で実施するのが基本です。見込み顧客役が評価者を兼ねる場合もありますが、**見込み顧客役と評価者は必ず分ける**ようにしてください。見込み顧客役が役に徹しにくくなり、客観的な評価も難しくなるからです。

なお、見込み顧客役には、顧客対応の経験が豊富で、顧客解像度が高い人をアサインすることで、実際によくある質問や対応をリアルに再現できます。

そして、**ロープレは実際の架電時と同じように、うまくいかない場合も途中で止めない**ようにしましょう。途中で止めてしまうと、ロープレの時間が質疑応答やインプットに変わってしまい、実際のやりとりを通じた対応力・提案力の強化という本来の目的から離れてしまいます。たとえ言葉に詰まったとしても、そこからどう立て直すべきか、対応するべきかを考え、実践することを徹底しましょう。

また、評価者がプレイヤーのインサイドセールスにフィードバックをする際は、よかった点を先に伝え、そのあとに改善点を伝えるようにしましょう。ダメ出しから入ってしまうと、その場がお説教の時間になってしまい、プレイヤーは自信をなくしてしまう恐れがあります。

ロープレはメンバーに対応力や提案力を磨いてもらうためだけでなく、自信を持ってもらうための場であることを心得ておきましょう。

5-6

切り返しトーク集をつくる

　ロープレを実施することで、見込み顧客の反応にあわせた対応力や提案力を磨くことはできますが、一部のトップセールスでないかぎり、適切な対応や言葉を瞬時に引き出すのは難しいものです。

　そのため、ある程度想定される質問や意見に対しては、効果的な切り返しトーク集を事前に準備しておくことをおすすめします。

【切り返しトーク集の例①】

見込み顧客　すみません、いまは忙しいので。

インサイドセールス　お忙しいところ失礼しました。ご都合のよいタイミングで、改めて連絡させていただいてもよろしいでしょうか。連絡のつきやすい時間帯を教えていただけませんでしょうか。

【切り返しトーク集の例②】

見込み顧客　すみません、いまは忙しいので。

インサイドセールス　お忙しいところ失礼しました。近年話題となっている〇〇の最新情報や御社の業界の事例について、要点のみ説明させていただきたく、5分ほどお時間をいただけませんでしょうか。

　切り返しトーク集をつくっておくことで、見込み顧客からの質問や意見に対して、迅速に対応することができるだけでなく、チーム全体としても一貫したメッセージを伝えられるようになります。

　切り返しトーク集のつくり方やフォーマットは自由ですが、基本的には顧客からのよくある質問や意見をまとめておき、メンバーと相談しながら

適切な切り返しトークを定義していきましょう。

　Web上に営業シーンで使える切り返しトーク集およびワークシートを公開しているのでご活用ください（https://sairu.co.jp/method/20217/）。

5 - 7

競合を調査する

5-7-1　自社の優れている点・劣っている点を把握する

　競合調査とは、自社の競合となる企業や製品・サービスについて調査することです。どの企業が自社の競合か、自社の製品・サービスとの違いは何かを調査し、自社が優れている点や劣っている点を把握しておくことで、見込み顧客の疑問に対して適切な説明ができるようになります。

　調査項目の例としては、次のようなものがあります。

【調査項目の例】

● 競合の社名
● 競合の製品・サービスの特長（例：機能・価格・拡張性・耐久性・アフターサポート）
● 競合の動向（例：新しいサービスが出た、Facebook広告を強化している）
● 競合の顧客事例（例：大企業の顧客が多い、戦略から支援している事例が多い）

　競合調査を実施するにあたっては、事前にフィールドセールスから商談時に比較される競合の製品・サービスや、見込み顧客が競合と比較する際

に気にするポイントなどを聞いておきましょう。

競合調査の方法としては、次のようなものが挙げられます。

【競合調査の方法】
- 競合企業のホームページ（サービスサイトや事例ページ）を確認する
- 競合企業のIR資料などの関係資料を読み込む
- SNSにおける口コミ・言及を確認する
- 競合製品・サービスの顧客へインタビューする
- 業界エキスパートへインタビューする

Web上に競合企業の調査・分析に使えるテンプレートを公開しているのでご活用ください（https://sairu.co.jp/method/28413/）。

5-7-2 見込み顧客へのアプローチで「競合を下げるトーク」はNG

競合調査の目的は、自社と競合の違いを明確にすることでインサイドセールスのアプローチ品質を高めることです。しかし、**アプローチにおいて競合を下げるようなトークをすると、見込み顧客からの信頼を損なう可能性がある**のでやめましょう。たとえば次のような会話です。

【NGトークの例】
見込み顧客 正直、A社（競合）のほうが御社より価格が安いので迷っています。
インサイドセールス A社は〇〇の機能のみに絞ったサービスですが、弊社は〇〇の機能も付加されており、カスタマイズ性が高いのが特長です。解決したい課題の範囲に応じてお選びいただくのがよいかと思います。

一方、次のような会話であれば、競合のＡ社を下げないで自社の優位性を伝えています。

【OKトークの例】

見込み顧客　正直、Ａ社（競合）のほうが御社より価格が安いので迷っています。

インサイドセールス　Ａ社さんの価格は確かに魅力的ですよね。ただ、何を重要視するかで選ぶべきサービスは変わってくるかと思いますが、〇〇さまが最も重要視されているポイントは何でしょうか。

見込み顧客　一番は機能性ですね。使いやすさと〇〇業務に必要な機能がそろっているかどうかは最優先事項です。

インサイドセールス　弊社は〇〇の機能も付加されており、カスタマイズ性が高いのが特長です。解決したい課題の範囲に応じてお選びいただくのがよいかと思います。

見込み顧客が自社と競合を比較するのはよくあることであり、自社が競合よりも優れている点もあれば、劣っている点もあるでしょう。

大事なのは、**見込み顧客が最も重視することを実現するために、自社か競合のどちらが適しているのかを客観的な視点を持って伝えること**です。

上の例でいうと、見込み顧客が価格を最も重視しているのであれば、正直に価格の点では競合のほうが優れていることを認めることが大切です。

そのうえで、自社のほうが優れている点を伝えることはするものの、無理に自社を押しつけるようなことはしないようにしましょう。仮に受注できたとしても、すぐに解約されてしまうことが想定されるからです。

5-8

導入事例を調査する

　競合調査とともに、見込み顧客へのアプローチの質を高めるために実施したいのが導入事例の調査です。自社の導入事例を調査することによって、どのような会社が顧客なのかを知るだけでなく、なぜ自社が選ばれたのか、どのような課題を解決したのか、満足しているポイントはどこかなどを把握できます。

　導入事例調査で見るべき情報としては、次のポイントが挙げられます。

【事例調査で見るべきポイント】

基本情報

- 業種
- 事業概要
- 売上高
- 従業員数
- 部署名
- 役職
- 職種

導入までの経緯

- 抱えていた課題・悩み
- 製品・サービスの探し方
- 導入の目的や狙い
- 選定のポイント
- 稟議のプロセス

> **導入後の評価**
> - 導入後の成果
> - 評価しているポイント

　自社の導入事例がまだ少ない場合は、競合の導入事例を調査してみるのもおすすめです。見込み顧客の属性や課題が自社と近いことが想定されるため、参考になる部分が多いでしょう。

　Web上に導入事例の調査・分析に使えるテンプレートを公開しているのでご活用ください（https://sairu.co.jp/method/2625/）。

5-9
活動スケジュールを決める

　インサイドセールスは、活動量が成果にダイレクトに影響を与える職種です。そのため、活動スケジュールを決め、タスク管理を行うことは非常に重要です。活動スケジュールを決めておくことで、新メンバーの育成やマネジメントもしやすくなるでしょう。

　活動スケジュールを決める際、架電に集中する「架電タイム」を最初に決めましょう。一般的に、業務開始時間前後やランチタイム後、夕方以降の時間帯はコネクト率が高い傾向にあるため、架電タイムに適しています。

　コネクト率は業界・職種で異なり、筆者の経験上、建設会社などの現場で仕事をする業界は現場に出る前の8:00〜9:00、クリニックは午前診療と午後診療の間の12:00〜13:00はコネクト率が高い傾向にあります。**自社の見込み顧客にコネクトしやすい時間帯を架電タイムに設定しましょう。**

　メール対応やSFA入力など、架電以外のタスクも時間を決めてルーティ

ン化してしまうほうが、業務効率が上がるのでおすすめです（図5-6）。

■ 図5-6　架電時間を先に確保し、架電以外の作業はコアタイム以外の時間に実施する

1日のスケジュール（例）

9:00	メールチェック・リスト整理
10:00	新規リードへの架電
11:00	掘り起こしリードへの架電
12:00	昼休憩
13:00	新規リードへの架電
14:00	メール対応
15:00	SFA入力・企業調査
16:00	不通企業への架電
17:00	リスト作成

架電時間を先に確保する。
SFAへの入力作業、調査、会議などは
それ以外の時間に設定する

1週間のスケジュール（例）

	月	火	水	木	金
9:00	メールチェック・リスト整理	メールチェック・リスト整理	メールチェック・リスト整理	メールチェック・リスト整理	メールチェック・リスト整理
10:00	架電	架電	架電	架電	架電
11:00	架電	架電	架電	架電	架電
12:00	昼休憩	昼休憩	昼休憩	昼休憩	昼休憩
13:00	架電	架電	架電	架電	架電
14:00	メール対応	メール対応	メール対応	メール対応	メール対応
15:00	SFA入力・企業調査	SFA入力・企業調査	SFA入力・企業調査	SFA入力・企業調査	SFA入力・企業調査
16:00	架電	架電	架電	架電	架電
17:00	リスト作成・振り返り	ロープレ・振り返り	コンテンツ企画会議・振り返り	ロープレ・振り返り	FSとの定例会議・振り返り

5-10

商談化の基準を見直す

5-10-1 顧客データを分析する

　ある程度の商談数を創出できるようになり、受注につながる質の高い商談をフィールドセールスから求められることが増えたら、商談化の基準を見直しましょう。**これまであった条件をゼロから見直すというより、ターゲットを絞るために条件を追加していく**ことが基本となります。

　商談化の基準を見直す際、まずやるべきはこれまでの顧客データの分析です。SFAに記録されている顧客データから、次のようなポイントを分析しましょう。

【顧客データを分析する際に見るべきポイント】
- 受注や高単価受注につながりやすい属性
- 受注までのリードタイムが短い属性
- リードの流入経路
- 商談に至るまでのタッチポイント（商談に寄与したタッチポイント）
- 商談までにインサイドセールスがアプローチした回数
- インサイドセールスが実施した施策
- フィールドセールスとの商談履歴

　たとえば、受注した顧客の8割が商談前にセミナーに参加していた、というデータがあるならば、セミナー参加を商談化の条件に組み入れるのもよいでしょう。

5-10-2 商談に同席する

　商談を担当するフィールドセールスに、「どのような状態で渡された商談が受注につなげやすいのか」を聞くことも、商談化の条件を見直すにあたって有効です。次のようなことを質問してみるとよいでしょう。

「商談をスムーズに進めるために、どのような情報が必要か？」
「受注した顧客に共通する課題やニーズは何か？」
「最も重要だったインサイドセールスからの情報は何か？」

　実際に商談の場でどのようなやりとりをしているかを知りたい場合は、**インサイドセールスが商談に同席してみるのもよい**でしょう。

　商談化の基準は、見直したら一定期間テストすることをおすすめします。商談数や受注数、受注単価が一気に減ってしまうようなことがあれば、基準の見直しが必要になるからです。フィールドセールスともコミュニケーションをとりながら進めましょう。

5-11

KPIを見直す

5-11-1　有効商談数に設定することが多い

　成長期では、商談化の条件とともにKPIの見直しも検討しましょう。立ち上げ期のKPIは商談数（商談化率）を設定することが多いですが、成長期以降は**有効商談数（有効商談率）を設定することも多い**です。

　有効商談とは、受注する見込みのある商談のことです。フィールドセールスが実際に商談した結果、受注につながる見込みがあると認定した商談のことを指します。有効商談率とは、全体の商談数のなかで有効商談数の割合を示したものです。有効商談の定義は企業によって異なりますが、一般的には次のような基準を満たした商談を指します。

- 見込み顧客の課題を明確に把握できている
- 見込み顧客の課題は、自社の製品・サービスで解決できる
- 導入・契約時期の目安を、見込み顧客と共有できている
- 導入・契約のための予算を、見込み顧客が確保している

一方で、次のような状態での商談は有効商談とはいえません。

- 見込み顧客の課題が明確になっていない
- 見込み顧客の課題を自社の製品・サービスで解決できない
- 導入・契約のための予算を、見込み顧客が確保できていない

また、決裁権がない担当者、意思決定にかかわっていない部門に商談を打診してしまう場合も少なくありません。とくに情報収集のために資料請求をした見込み顧客に商談を打診した際に多いパターンといえます。

一般的に、全商談に占める**有効商談の割合は平均50〜60%**とされています。製品・サービスにもよりますが、有効商談率が50%を切っている場合は、マーケティング部門のリード獲得方法やインサイドセールスのリード評価の基準、アプローチ方法を再検討しましょう。

5-12
インサイドセールスの理想の姿を定義する

5-12-1　ギャップを生まないための言語化

成長期に起こりうる課題として挙げられるのが、初期のメンバーと新しく入ったメンバーとの間でインサイドセールスという仕事に対する認識のギャップが生まれてしまうことです。

初期のメンバーは、インサイドセールスが会社になぜ必要なのか理解していますが、新しく入ったメンバーは必ずしもそうとはかぎりません。単調な業務に疲弊する、自分たちの存在意義を見いだせなくなる、ただ量をこなすことが目的化するといった状況が生まれることがあるのです。筆者の経験でも、実際にそのような状態を目にしたことが何度もあります。

もし、そうした状況が出てきたと感じたら、「インサイドセールスの理想の姿」について社内で言語化してみるとよいでしょう。

5-12-2　3つの理想の姿

筆者が考える理想の姿とは次の3つです。

1. 売上を意識して行動できる
2. 部門を越えて意見できる
3. 顧客を第一に考える

■ 売上を意識して行動できる

まずは「売上」を意識して行動できることです。自身の商談数を増やすことばかりに目を向けていると、電話をかけ続け、メールを送り続ける日々が単調に思えてしまうこともあるでしょう。

しかし、**営業の最終目的は売上を伸ばすことであり、その一端を自分が担っている**ことを理解できれば、行動やモチベーションは変わってきます。フィールドセールスから受注・失注結果のフィードバックをもらう仕組みをつくったり、チーム内で定期的に売上への貢献状況を話すとよいでしょう。

■ 部門を越えて意見できる

次に、営業プロセス全体を最適化するために部門を越えて意見できることです。インサイドセールスはマーケティング部門とフィールドセールスの間にいるため、営業プロセス全体に対して気づきを得やすいポジションにいます。

社内の誰よりも顧客との接点が多い部門でもあるため、顧客の声を他部門にフィードバックすることは極めて重要な役割です。隣接するマーケ

ティング部門とフィールドセールスだけでなく、自社や製品・サービスに関する顧客の声は、経営陣や開発部門にとっても価値のある情報であるため、部門の壁を越えて積極的に情報や意見を伝えるようにしましょう。

—— 顧客を第一に考える

最後が、顧客を第一に考えることです。説明するまでもありませんが、顧客の課題やニーズを理解し、最適なアプローチをした結果、商談や受注につながるのだという意識を持つことは欠かせません。小手先のテクニックではなく、顧客との本質的な関係構築を意識することで、日々の業務は各段に変わってくるでしょう。

このように、自分たちがどうありたいか、どう顧客や自社に貢献したいかという視点で役割を明確にしていくと、メンバー間での認識のギャップは生まれにくくなります。

第 **6** 章

成果を加速させる
「拡大期」

拡大期は、チームの人員増加にともない、成果を飛躍的に伸ばすことが期待されます。

一方で、チームとしての統率がとれず、人員拡大に見あった成果が得られないリスクもあります。

拡大期は、今後の成果を大きく伸ばすか、逆に落とすかの分岐点となる、重要なフェーズです。

拡大期に停滞してしまうインサイドセールスのよくある特徴として、これまでのやり方に固執してしまうことが挙げられます。

立ち上げ期、成長期で培った経験をいかしながらも、これまでの成功体験やプロセスに固執せず、新たな取り組みを積極的に試していく「攻めの姿勢」を持つようにしましょう。

本章では、インサイドセールスの拡大期で取り組むべきことについて解説します。

6-1

拡大期の全体像

6-1-1 採用強化やアウトソーシングを検討するフェーズ

　拡大期では事業の拡大にともない、より多くの商談を求められるように
なります。インサイドセールスも採用強化やアウトソーシングの活用を検
討しながら、組織を拡大するフェーズです。

　KPIにはこれまでの有効商談数に加えて、受注数が加わってくる場合が
多く、インサイドセールスはより質の高い商談創出を求められるようにな
ります（図6-1）。

　一方で、拡大期になると検討意欲が高い見込み顧客にはすでにリーチし
ているため、**有効商談だけを追い続けると成果が出ないこともあります。**
その場合は、再度商談数をKPIに設定し、商談機会を増やしましょう。

　また、拡大期から次の成熟期に向けて、新規リードの獲得数が落ち着い
てくる状況も出てきます。ターゲットが中小企業の場合、Webマーケティ
ングを接点としたリードの獲得には限界があります。とくに地方の企業は、
都市部と比べて情報の入手経路や方法に違いがあるため、Webマーケティ
ングだけでは獲得できないリードが多く存在している可能性があります。

　ターゲット企業の属性がつかめているようなら、大まかなセグメントで
ターゲットリストを作成して**アウトバウンドコールを行う**といった、新た
な取り組みを検討してみるのもよいでしょう。

　拡大期でも引き続き、状況に応じてこれまでの各種基準やルールを見直
しましょう。

■ 図6-1　拡大期の全体像

拡大期

人数｜6〜20名

目指すゴール

チーム規模拡大による有効商談数の底上げ

想定されるKPI

- 商談数　● 有効商談数　● 受注数

拡大期に取り組むこと　　　　　　　★：継続的に取り組むこと

- チームを増やす
- アウトソーシングの活用を検討する
- 採用・育成を強化する★
- 見込み顧客にアプローチする★
- ロープレを実施する★
- 切り返しトーク集をつくる★
- 競合を調査する★
- 導入事例を調査する★

必要に応じて取り組むこと

- 各種基準やルールを見直す★
- トークスクリプト・メールテンプレートを見直す★

6 - 2

チームを増やす

6-2-1　1チームあたりの適正人数

　組織全体やフィールドセールスの人員拡大にともない、インサイドセールスもチームの増員を検討します。

　マネージャー1人あたりが抱えるチームの人数は、一般的には5〜8名程度が望ましいといわれています。営業未経験のメンバーが多い場合は、**1チーム5〜6名程度**に人数をおさえて、しっかりと育成できる体制をとるのが理想です。

6-2-2　チームの分け方

　チームの分け方は、事業の状況にあわせて決めます。インサイドセールスのミッションがこれまでと変わらないようであれば、経験者と未経験者のバランスをとりながら、単純に人数で分けるのもよいでしょう。

　これまでとミッションが変わったり、注力領域が増えたりする場合は、役割ごとにチームを分けましょう。フィールドセールスのチームに紐づく形でインサイドセールスのチームを構成することで、部門間のコミュニケーションが加速した事例もあります。

> 【チームの分け方の例】
> - 新規リード対応チームとハウスリード対応チームに分ける
> - ターゲットの規模で分ける（エンタープライズ、SMB、スタートアップなど）

- ターゲットの業界・業種で分ける
- ターゲットの地域で分ける
- アプローチの手法で分ける（SDR、BDR、オンラインセールス）

　チームの分け方に正解はありませんが、事業の状況にあわせてチーム編成も柔軟に変えていけるようにしましょう。

　第8章では、インサイドセールスに取り組む8社の事例を紹介しています。組織図やチームづくりについても参考にしてください。

6-2-3　チームマネージャーを決める際の注意点

　チーム制で運用するにあたって、注意したいのがチームマネージャーの選定です。インサイドセールスにかぎった話ではありませんが、プレイヤーとして優秀であっても、マネージャーとして優れているとはかぎりません。

　インサイドセールスは活動量が成果に直結しやすい職種であるため、並外れた活動量により実績を残すメンバーがいます。

　ところが、活動量のみに強みを持つメンバーがチームマネージャーになると、自分と同等の活動量をチームのメンバーに求めてしまい、チームが疲弊してしまうことがあるのです。もちろん活動量は成果を上げるためには欠かせませんが、属人的なスキルに依存したり、根性論で進めたりするマネージャーは望ましくありません。

　マネージャーは設定した活動量を強制するのではなく、その必要性を論理的にわかりやすくメンバーに説明し、自分がプレイヤーとして高い実績を残してきた方法を、再現可能な形でメンバーに伝える必要があります。

　そのため、チームマネージャーにはプレイヤー業務の実績だけでなく、**高い言語化能力を持っている人材**をアサインしましょう。

また、チームマネージャーはチームの目標や戦略を策定し、メンバーが迷いなくやりきれる環境をつくることを求められます。メンバーの強みを見抜く観察力や、モチベーションを高めるリーダーシップがあるかどうかも大事なポイントといえるでしょう。

　なお、インサイドセールスでは営業経験が浅いメンバーが多く、マネジメント経験がない人材がチームマネージャーになることが少なくありません。そのため、インサイドセールス部門のマネージャーは、チームマネージャーをしっかりサポートしてあげましょう。

6-3
アウトソーシングの活用を検討する

6-3-1　アウトソーシングは業務の丸投げではない

　事業規模が大きくなると、社内のメンバーだけではリソースが足りなくなる場合が出てきます。そこで検討したいのが業務の一部を専門の代行会社に委託する、アウトソーシングの活用です。実際、**内製でSDRに取り組み、BDRは代行会社に委託するといったことはよく見られます。**

　アウトソーシングのメリットは、リソースの確保だけではありません。外部の専門家が持つノウハウや他社の事例などの知見をインストールすることで、社内メンバーのスキルの底上げや、新しいプロジェクトの迅速な立ち上げが期待できます。

　ただし、立ち上げスピードを優先してアウトソース先の会社のオンボーディングを簡略化してしまうと、アプローチの質が下がったり、コミュニ

ケーションの齟齬が生まれたりします。

アウトソーシングを活用するのであれば、**自社の製品・サービスや顧客、社内のルールやコミュニケーション方法について、アウトソース先のメンバーがインプットする時間もスケジュールに組み込みましょう。**

アウトソーシングとは、業務の丸投げではありません。プロジェクトがスタートしたあとも、定例ミーティングですりあわせを続けながら、一緒に業務の質を高めていくことが、成果創出への近道です。

インサイドセールスの代行会社を選ぶ際のポイントは次の5つです。

1. 業務内容がマッチしているか
2. 料金体系が自社とマッチしているか
3. 自社の業界に近い支援実績があるか
4. 代行以上の支援が期待できそうか
5. セキュリティがしっかりしているか

6-3-2 業務内容がマッチしているか

インサイドセールスの代行会社はそれぞれ専門分野を持っています。SDR、BDRのほか、受注までを担うオンラインセールスに強い会社や、インサイドセールス業務全般のプロセス改善を支援する会社も存在します。

代行会社を選ぶ際に注意したいのが、コストだけで判断してしまうことです。コストを気にするあまり、単価の低い成果報酬型（後述）で発注した結果、双方のコミットがなく失敗に終わったという話もよく聞きます。

まずは自社が委託したい業務を明確にしたうえで、その業務に強みを持っている代行会社を選ぶようにしましょう。

6-3-3 料金体系が自社とマッチしているか

インサイドセールスの代行会社の料金体系には、主に「固定報酬型」と「成果報酬型」があります。

- **固定報酬型**：成果にかかわらず一定の金額を支払う形式。すでに予算が決まっており、予算内で委託したい場合に向いている。費用は50〜70万円〜／月が目安
- **成果報酬型**：主にBDRのアポイント取得を専門とする代行会社に多く、アポイント1件あたりに報酬を支払う形式。費用は1〜3万円／件が目安

一長一短はあるものの、基本的には固定報酬型をおすすめします。拡大期くらいのフェーズになると、自社内である程度の成功の型は構築されているはずです。人的リソースを補填すれば成果が出ることはわかっているので、成果報酬型よりもコストは抑えられる場合が多いからです。

一方、これからインサイドセールスを立ち上げる、BDRなど新規でまったく新しい組織をつくるなど、成功の型が自社にない場合は成果報酬型も選択肢に入れてもよいでしょう。

どちらのタイプが適しているかは、自社の製品・サービスのLTV（顧客生涯価値）やCAC（顧客獲得コスト）、受注率をもとに予算を設定したうえで判断することをおすすめします。成果報酬型は、最短の契約期間が設定されている場合もあるので、その点もチェックしましょう。

6-3-4　自社の業界に近い支援実績があるか

代行会社が過去に支援した実績も把握しておきましょう。自社と同様または近い業界の製品・サービスを扱った実績があれば、業界特有の課題やニーズ、さらにアプローチすべき部署や役職とそれぞれが抱える課題を理解している可能性が高く、高いパフォーマンスが期待できます。

公式サイトに掲載されている事例や外部メディアのインタビュー記事などで確認しましょう。

自社と同業界・同業種の製品・サービスを取り扱ったことがある人をアサインできるかについても、商談時に確認しておくとよいでしょう。

6-3-5　代行以上の支援が期待できそうか

将来的に委託する業務の内製化を考えている場合は、実務を代行するだけの会社ではなく、全体の最適化や戦略に関してもアドバイスをもらえる会社を選ぶとよいでしょう。

たとえば、「○○業界の企業の反応がよかったので、さらにリソースを割いて重点的にアプローチを検討してみたほうがよいかもしれません」「競合サービスの事例記事によると、○○業界の○○部門向けに注力しているようなので、御社も○○業界とは実は相性がよいのではないでしょうか」など、今後の戦略の示唆や改善提案をしてくれる会社が理想です。

6-3-6　セキュリティがしっかりしているか

インサイドセールスは顧客の個人情報やビジネスに関する機密情報を扱うため、データが安全に管理されるかどうかは非常に重要なポイントです。

セキュリティが甘い会社を選んでしまうと、情報漏洩や不正アクセスのリスクが高まり、自社の事業に深刻な影響を与える可能性があります。

セキュリティ対策が十分に行われているかどうかは、次のポイントを確認するとよいでしょう。

- セキュリティ方針を明確に持っているか
- ISMS認証やPマーク（プライバシーマーク）を取得しているか
- 外部機関の審査を受けているか
- 社員が会社支給のPCを使用しているか
- 機密情報の管理方法を明確にルール化しているか
- SFAのIDやパスワードの管理やルールが徹底されているか

従業員は正社員なのか業務委託なのか、業務環境はオフィスなのかリモートなのかによってもセキュリティ対策が変わるため、契約前に確認しておきましょう。

6-3-7 専門性が高い製品・サービスほど社内チームとの連携が重要

アウトソーシングの活用に際して、「当社のサービスは専門性が高いので、代行会社では適切な顧客対応ができないのではないか」という相談を筆者はよく受けます。実際、自社の製品・サービスの専門性が高いほど、アウトソーシングに関しては苦戦している印象があります。

先述したように、まずはアウトソース先のメンバーに自社の製品・サービスをできるだけ理解してもらうことは必須です。

オンボーディング研修や資料を用意したり、プロジェクトがスタートしたあとも定例ミーティングや業務サポートをしたりといった対策を行いましょう。ある程度想定される顧客からの質問と詳細な対応方法を資料にま

とめ、共有することも有効です。

しかし、製品・サービスに専門的でふみ込んだ質問があった場合に、どうしてもインサイドセールスでは答えられない場合があるでしょう。

そのため才流では、インサイドセールスが対応できない質問が出た場合、フィールドセールスに引き継ぎ、直接顧客の対応をしてもらうことが多いです。その場での引き継ぎが難しい場合は、無料相談会に案内することもあります。

また、フィールドセールスや社内のほかの担当者に確認したうえで後ほど回答することもよくあります。その際は、回答の期日や、その後のアクションの提示について合意を得るようにしましょう。

たとえば、「私では即答できないため、社内で確認のうえ、本日中にメールでご回答いたします。ご確認後、追加のご質問や御社のご要望に沿っているかどうかをお伺いしたく、明日またお電話させていただいてもよろしいでしょうか」といったコミュニケーションをとります。

いずれにせよ、**専門性が高い製品・サービスであればあるほど、社内の専門チームとすぐに連携できる体制を構築しておく**ことは欠かせません。

6-4

採用・育成を強化する

6-4-1 採用と育成は難しい

インサイドセールスの経験者はまだ市場には少なく、組織を拡大していくためには、未経験者の採用および育成体制の強化が欠かせません。しか

し、実際には採用や育成に課題を抱える企業は多いようです。

インサイドセールスコンサルティングサービスSALES BASEを提供するSALES ROBOTICS株式会社が実施した調査によると、インサイドセールスを内製で実施するうえで課題になったこととして、「人材の育成に時間がかかる」「インサイドセールス人材の採用ができない」が上位であることが示されています（図6-2）。

■ 図6-2　インサイドセールスを内製する際の課題

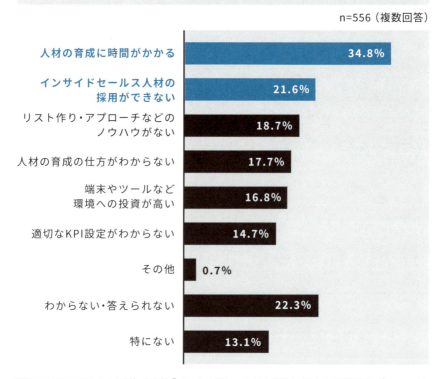

出典：SALES ROBOTICS株式会社「インサイドセールスの内製に関する市場調査」（https://prtimes.jp/main/html/rd/p/000000045.000023496.html）

人材の採用、育成は、1つの正解があるわけではありません。筆者の経験から、インサイドセールスの採用・育成のポイントを紹介します。

6-4-2　活躍できる人材の見極め方

　社内異動でも、外部からの採用でも、インサイドセールスとして活躍できる人材の見極めは難しいものです。まずは、インサイドセールスに必要な知識・スキル・マインドを言語化し、採用時に確認するとよいでしょう。企業のカルチャーや取り扱う製品・サービスによっても異なりますが、例として図6-3のようなものが挙げられます。

　筆者の経験では、とくにマインドが重要だと考えています。知識やスキルは採用してからでも育成できますが、マインドは先天的な面が強く、あとから育成するのが難しいからです。

インサイドセールスは単調な業務にどう向きあえるか、見込み顧客から断られた際にどう受け止めるか、といった精神的なタフさや忍耐力が求められます。

　採用面接でマインドを見極めるのは容易ではありませんが、仕事に対する向きあい方や価値観がわかるような質問をして判断しましょう。

【採用面接時の質問の例】

「困難なプロジェクトに直面したとき、どのように対応しましたか？」

「過去最大の失敗は何ですか？　その経験は、現在の自分にどのようにいきていますか？」

「仕事をするうえで最も大事にしていることは何ですか？」

「チームのメンバーが目標達成に苦労しているとき、どのようにサポートしますか？」

■ 図6-3　インサイドセールスに求められる主な知識・スキル・マインドの例

知識	顧客知識	顧客のよくある課題や検討背景の理解
	業界知識	自社を取り巻く環境の理解
	競合知識	競合他社の強み・弱みの理解
	商材知識	提供価値・成功事例の理解
	ツール知識	SFA や MA など使用するツールの操作方法の理解
スキル	仮説構築力	架電前後における仮説構築
	論理的思考力	論理的なトーク展開、データ解釈
	傾聴力	相手に合わせた話法・言葉遣い・話速・間合い
	ヒアリング力	必要な情報を聞き出す力
	信頼関係構築力	長期的な接点を持つための知見・礼儀・印象づけ
	提案力	商談設定や次のアクションを期待させるトーク力
マインド	達成意欲	KGI・KPI に対する達成意欲
	忍耐力	諦めない姿勢、やりきる意思
	顧客志向	顧客の検討度合いに合わせた提案を行う姿勢
	協調性	他部門と協力し、目標達成に向かう姿勢

　なお、**過去のキャリアでインサイドセールスと親和性のある職種を経験した人は、活躍しやすい傾向**にあります。具体的には、営業（フィールドセールス）やカスタマーサポート・カスタマーサービス、カスタマーサクセス、接客業などです。

　とくに、潜在的な課題やニーズを持つ顧客に対してヒアリングを行い、価値を提示して商談を獲得する営業経験がある人は相性がよいです。証券会社のリテール営業（個人を対象とする営業）や投資用不動産を販売する反響営業などが例として挙げられます。

そのほか、自社に近いカテゴリの製品・サービスを扱った経験がある人も即戦力として期待できるでしょう。

6-4-3　マネージャーの選出方法

マネージャーに関しては、**できるだけ外部からの採用ではなく、社内メンバーを昇格させる形でアサインする**ことをおすすめします。すでに自社の製品・サービス、営業戦略を理解しているだけでなく、メンバーとの信頼関係を構築できているため、コミュニケーションが円滑になり、スムーズにマネジメントを行うことができるからです。

どうしても外部からマネージャーを採用する場合は、The Model型の営業プロセスにかかわった経験や自社に近いカテゴリの製品・サービスを扱った経験、マネジメント経験がある人を採用対象としましょう。

また、マネージャーを外部から採用する場合は、いきなりマネジメント業務を任せるのではなく、まずはメンバーと同じ現場業務を経験させることをおすすめします。現場の業務を経験することで、自社の製品・サービスや顧客の課題を深く理解できるだけでなく、メンバーに自身のスキルを示すことで、その後のマネジメントがやりやすくなるからです。

6-4-4　オンボーディングや人事制度の設計

「インサイドセールスは定着率が低い」「離職率が高くて困っている」という相談を、筆者もよく受けます。採用後、未経験者の方でもスムーズに業務を開始し、やりがいを持って働いてもらうために、オンボーディングプログラムを作成しておきましょう。

オンボーディングプログラムは、**インサイドセールスとして最低限備えておきたい知識やスキルを学べるように設計**します。

> **【オンボーディングプログラムの例】**
> - **基礎知識**：インサイドセールスとは何か、インサイドセールスの存在意義など
> - **自社の製品・サービスに関する知識**：製品・サービス概要や競合との違いなど
> - **自社の顧客に関する情報**：ユーザーインタビューや営業インタビューなどの実施・分析
> - **ツールの使い方**：SFAやMAの活用方法、データ記録の方法など
> - **顧客対応の方法**：基本のトーク構成、ヒアリング項目、基本的なコミュニケーションおよび傾聴スキル、切り返しトークなど
> - **企業文化・価値観**：自社のミッション・ビジョン・カルチャーなど
> - **評価制度**：評価基準、評価の方法など

オンボーディングプログラムでは、最初に基礎知識を説明することをおすすめします。基礎知識とは、本書の第1章にあるような、「インサイドセールスとは何か」「インサイドセールスの役割とは」などです。

メールを送り続け、電話をかけ続けるインサイドセールスの業務は、見方によっては単調な作業ととらえられることがあります。それが原因でメンバーのモチベーションが低下するというのも、よく聞く話です。

本格的な業務に入る前に、インサイドセールスの役割や存在意義についてしっかりと理解してもらうことが、業務の作業化を防ぎ、やりがいを持って働く一助になります。

また、「自社の製品・サービスが、誰のどんな課題を解決し、どのような価値を提供しているのか」についても、オンボーディング期間でしっかりと伝えましょう。とくに、顧客理解を深めることは欠かせません。

オンボーディングが終わってからも、経験が浅いメンバーには支援を続けましょう。**メンターをつけてサポートしたり、外部研修で知識のアップ**

デートを図ったり、表彰制度を設けたりと、マネジメント側ができることはさまざまあります。

第8章で紹介するコンカーでは、インサイドセールスのチーム内で1番よいフィードバックをした人を投票で選び、MVF（Most Valuable Feedback）として表彰する制度があるそうです。

数字の達成を表彰する制度のほかにも、チームのスキルの底上げやモチベーション向上につながる自社なりの制度をぜひ検討してください。

第 7 章

売上を最大化させる
「成熟期」

成熟期は、インサイドセールスとしての活動基盤や業務プロセスが確立される一方で、売上を最大化させるために、新たな顧客層の開拓が求められます。

そのため、新たなチャネルや手法に取り組むような場合も増えてくるでしょう。その代表的な取り組みの1つが、BDRチームの立ち上げです。

また、活動基盤や業務プロセスが確立されるとはいえ、人員が膨大になることで属人化しやすいのも成熟期の特徴です。

新たな取り組みを進める一方で、これまでの活動を疎かにせずに、業務オペレーションなどは定期的に見直しましょう。

本章では、インサイドセールスの成熟期で取り組むべきことについて解説します。

7-1

成熟期の全体像

7-1-1　新たな市場・顧客層を開拓するフェーズ

　拡大期を経て、メンバーが21名以上のインサイドセールスを成熟期とします。

　事業フェーズが進んでくると、マーケティング活動によって獲得できるリード数が鈍化する傾向があり、インバウンドの問い合わせにアプローチするSDRだけでは十分な数の商談を創出できない場合が増えてきます。

　加えて、会社から課される目標も高くなり、これまでとは異なるアプローチや新しい市場の開拓が必要になってきます。

　このフェーズで検討したいのが、アウトバウンドでアプローチを行うBDRチームの立ち上げです。SDRは継続して顧客理解や競合調査などを進めながら、必要に応じて活動ルールの見直しや改善を行いましょう。

　KPIは、拡大期と同様に商談の質を求める場合は有効商談数や受注数に設定しますが、先述のとおりリード数の獲得が鈍化する場合もあるので、シンプルに商談数を設定することもあります(図7-1)。フィールドセールスのリソース状況も考慮して決定しましょう。

　成熟期に新たに取り組むべきこと7つを、順番に一つひとつ解説していきます。

■ 図7-1　成熟期の全体像

成熟期

人数 | 21名以上

目指すゴール

顧客層の拡大と売上の最大化

想定されるKPI

- 商談数
- 有効商談数
- 受注数
- 受注金額

成熟期に取り組むこと

★：継続的に取り組むこと

- BDR の立ち上げを検討する
- ターゲット企業を選定する
- ターゲット企業の組織構造を把握する
- アプローチ方法を決定する
- BDR の KPI を決定する
- ターゲットと新規で接点をつくる
- ターゲット企業内で接点を広げる

- 見込み顧客にアプローチする★
- ロープレを実施する★
- 切り返しトーク集をつくる★
- 競合を調査する★
- 事例を調査する★
- 採用・育成を強化する★

必要に応じて取り組むこと

- チームを再編する
- アウトソーシングを活用する
- 各種基準やルールを見直す★
- トークスクリプト・メールテンプレートを見直す★

7-2

BDRの立ち上げを検討する

7-2-1 ターゲット企業へ個別にアプローチする

BDRとは、自社の製品・サービスと相性のよい業界や企業を選定し、メールや電話、手紙などでアプローチして商談を創出するインサイドセールスの形態です。

SDRが不特定多数のリードにアプローチするのに対して、BDRはターゲット企業を選定し、個別に戦略を立ててアプローチします。

SDRとBDRでは、求められるスキルや業務範囲が異なります。兼務では成果を得にくいため、専任担当者や専任チームを置くのがよいでしょう。

7-2-2 BDRの立ち上げを検討したほうがよい場合

BDRの導入を検討したほうがよいのは、次のような場合です。

- インバウンドによって獲得できるリードが減っている
- インバウンドマーケティングではリーチできない企業をターゲットとしている
- SDRの活動だけでは売上目標を達成できない
- 特定の業種・業界に絞って開拓したい
- 大企業を積極的に開拓したい
- ターゲット顧客の意思決定者が複数である
- 1顧客あたりのLTVが高い

- **アップセル、クロスセルがしやすい製品・サービスである**

　上記のなかでも、見落としがちなのは1顧客あたりのLTV（顧客生涯価値）が高いかどうかです。

　BDRは1社ごとに個別に戦略を立ててアプローチを行うため、**SDRに比べて成果が出るまでに時間と費用がかかる**傾向があります。

　LTVが高ければ、それに見合った対価を得られますが、LTVが低い顧客に時間や費用をかけすぎてしまうと、営業生産性は悪化します。

　LTVが高くなるセグメントに対してのみBDRを行うなど、自社の状況にあった対応も考えましょう。

7-2-3　BDRのステップ

　BDRは次のステップに沿って立ち上げを行います。

- **ターゲット企業を選定する**
- **ターゲット企業の組織構造を把握する**
- **アプローチ方法を決定する**
- **BDRのKPIを決定する**
- **ターゲットと新規で接点をつくる**
- **ターゲット企業内で接点を広げる**

7-3

ターゲット企業を選定する

7-3-1　ターゲットリストの作成・選定

　BDRでは、まずアプローチするターゲット企業および部門を選定するために、ターゲットリストを作成します。ターゲットリストは、マーケティング部門、インサイドセールス、フィールドセールス、カスタマーサクセスの責任者や経営層が話しあったうえで、作成しましょう。

　もしどこかの部門が主導で作成したとしても、**全部門で確認を行い、共通認識を持ってからアプローチを行う**ことが大事です。インサイドセールスとしては、SFAの情報を確認しつつ「リストアップ候補になる企業のうち、商談が取りやすい企業はどこか」「どの部門や役職にアプローチすべきか」という観点で、議論に参加しましょう。

　ターゲット企業、部門の選定は次の手順で行います。

1. 既存顧客のなかで横展開できるかどうかを検討する
2. 受注顧客を分析し、共通点を探る
3. 共通点に合致する企業を特定する
4. 企業の部署や役職を特定する

　新しいターゲットを選定する際にやりがちなのが、これまでに接点のなかったまったく新しい企業から開拓しようとすることです。

　しかし、新規開拓は想像以上に時間と費用がかかるもの。まずは、**既存顧客のなかに横展開できる企業がないかを検討**しましょう。既存顧客でも

1部門にしか導入してもらえていない企業は多いはずです。

　既存顧客とはすでに関係性が構築されているため、まったく新しい企業を開拓するよりも受注しやすい傾向があります。既存顧客の他部署や子会社、グループ企業も対象に検討しましょう。

　既存顧客の開拓はカスタマーサクセスの担当領域ではないかと考える人が多いかもしれません。しかし、実際はカスタマーサクセスのリソースが不足していたり、スキル的に営業のような活動が向いていなかったりしてできていないケースが多いため、インサイドセールスがフォローに入ることが突破口になります。既存顧客向けに活動する「カスタマーインサイドセールス」の設置を検討してもよいでしょう。

7-3-2　新規顧客の開拓は受注企業を分析してアタリをつける

　新規顧客を開拓するにあたっては、**過去の受注データを分析し、受注につながりやすい企業の共通点を見つけます。**

　新規事業の立ち上げなどで過去の受注データがない場合は、類似サービスや競合他社の導入事例記事を読み込むことで、顧客の共通点を探るとよいでしょう。

　受注しやすい企業の共通点を見いだせたら、その条件に合致する企業を特定します。企業情報の収集には、SalesNow（株式会社SalesNow）、スピーダ（株式会社ユーザベース）、infobox（株式会社インフォボックス）、Sales Marker（株式会社Sales Marker）などの企業データベースを活用するとよいでしょう。

　条件に合致する企業を特定したら、**企業内で意思決定に関与する部署や役職のアタリをつけます。**企業の部署や役職については、デスクトップリサーチで情報を収集できます。

　大企業をターゲットにする場合、製品・サービスを利用する部門だけでなく、システムやツールの導入・管理を担当するIT部門や、経営層の直接

配下にある経営企画部門も意思決定に深く関与していることが多いので注意が必要です。

「経理向けサービスだから経理部に当たっていたが、実はIT部門やその企業とつながりのあるITコンサルタントを切り口にした受注が多かった」「役員に当たっていたが、全社的な意思決定よりも部門単位での判断が多いため、課長クラスが推進者となった受注が多かった」など、実態と異なる部署・役職にアプローチしていたという失敗はよくあります。

部署や役職だけでなく、SNSやメディアのインタビュー記事などからアプローチすべき個人まで特定できれば、氏名もターゲットリストに記載します。ターゲット企業の社員とは過去に社内の誰かが名刺交換をしている可能性もあるので、SFAのデータと突きあわせて確認しておきましょう。

7-4
ターゲット企業の組織構造を把握する

7-4-1 組織の構造や内情を把握する

自社の製品・サービスに誰が関心を持っているのかをあらかじめ把握できるSDRとは異なり、BDRではターゲット企業の組織構造を把握し、誰がキーパーソン（重要な意思決定者）であるかを見つけることが求められます。

とくに、意思決定のプロセスが複雑であり、最終決定に至るまでに多くの関係者が関与する大企業がターゲットの場合、複数の部署へのアプローチが必要です。先述したように、BDRではまず意思決定に関与する部署や役職にアタリをつけます。そこからさまざまな人へアプローチを重ねなが

ら、詳細に組織の構造や内情を把握していく必要があるのです。

ターゲット企業の組織構造や意思決定プロセスを理解するために作成したいのが「組織図把握シート」と「リレーションマップ」です。

7-4-2　組織図把握シート

組織図把握シートでは、次の4つの情報を整理します（図7-2）。

1. 組織構造

2. 担当者情報

　　a. 氏名、役職、担当業務・領域

　　b.（すでに接点がある場合）最終面談日

　　c.（紹介してもらった場合）紹介者の名前

3. 予算・競合情報

4. キーパーソン

■ 図7-2　組織図把握シートの例

組織構造				担当者情報					予算・競合情報		キーパーソン			
社名	Lv1	Lv2	Lv3	役職	氏名	最終面談日	担当業務	紹介者	部署予算	既存の取引先	自社ファン	決裁者	情報屋	…
株式会社○○○				代表取締役	○○○○							○		
	役員			取締役○○	○○○○			営業部長○○さん						
	○○事業			事業部長	○○○○	2024 7/1	事業部の目標設定と予算承認	営業部長○○さん	○○○万円					
		営業部		営業部長	○○○○	2024 7/1			○○○万円	XXX社 XXX社	○		○	
			○○課	課長	○○○○	2024 6/11					○			

197

—— 組織構造

企業の組織図に関しては多くの場合Web上に公開されていますが、公開されていない場合は、プレスリリースの人事異動情報などを参考にしましょう。

組織階層は企業の規模や運営方針によって異なりますが、3〜5段階くらいに分け、Lv1は事業部、Lv2は部門、Lv3は課という粒度で設定するのが一般的です。

—— 担当者情報

アプローチする担当者の氏名、役職、担当業務・領域を記載し、すでに担当者と接点がある場合は、最終面談日もあわせて記載しましょう。最終面談日を記録することで、担当者への連絡が長期間空くのを防ぎ、適切なフォローアップのタイミングを把握できます。

また、担当者を紹介してもらった場合は紹介者の名前も記載しておきましょう。

—— 予算・競合情報

大企業は部署単位で予算を持っていることが多いので、各部署の予算感を把握しておきましょう。あわせて、既存の取引先の情報も把握できればそれも記載しておきます。

—— キーパーソン

キーパーソンとは、意思決定において強い影響を持つ人物のことであり、ターゲット企業を攻略するうえでは非常に重要な存在です。

一口にキーパーソンといっても、決裁者、自社のファン、社内の情報に精通している人、お願いしなくても自社のことを社内に紹介してくれる

人、役職者と通じている人など、さまざまなタイプが存在します（図7-3）。

　組織図把握シートでは、キーパーソンの種類をいくつか定義し、担当者の欄にそれに該当するかどうかのチェック項目を設けましょう。

　また、キーパーソンは1人とはかぎりません。「この人がキーパーソンだ」と決めてしまったことで、重要な情報を持つ人物をフォローできず、商談創出につながらないことはありえます。

　多くの人と接点をつくり、多角的に情報を集めてください。

■ 図7-3　キーパーソンの種類

	見極め方の例	組織攻略上の活用
決済者 決裁権を持つ人	● 基本的に役職者であるため、名刺で判断する ● 他の人に教えてもらう	なるべく早い段階で面談しておく
自社ファン 自社のファンになってくれる人	● メルマガをよく開封している ● 連絡すると必ず出てくれる	自社の製品・サービスを社内で推奨してもらう
情報屋 社内情勢にくわしい人	● 社内のことを聞いたら大体知っている ● 話すのが好き	内部情報を知りたいときに連絡して教えてもらう
中継者 役職者と通じている人	● 役職者の直属の部下	役職者と面会する機会をつくってもらう

Web上に組織図把握シートのテンプレートを公開しているのでご活用ください（https://sairu.co.jp/method/15481/）。

7-4-3　リレーションマップ

LTVが3,000万円以上になる大企業をターゲットとする場合、リレーションマップの作成が有効です。リレーションマップとは、**自社と顧客、または顧客内での関係性や役割を一枚の図で可視化したもの**です（図7-4）。組織図把握シートの情報をもとに、それぞれの役割や関係性を図にして整理しましょう。

大企業で商談化を進めるにあたっては、「対立者」が存在することが少なくありません。リレーションマップで自社に好意的な人物だけでなく、敵対的な人物も把握することで、さまざまな観点からアプローチを考えられるようになります。

なお、組織図把握シートおよびリレーションマップの作成にあたっては、はじめからすべての関係者の役割や関係性を把握することはできません。ターゲット企業とコミュニケーションをとっていくなかで情報を追加しながら完成させましょう。

■ 図7-4　リレーションマップの例

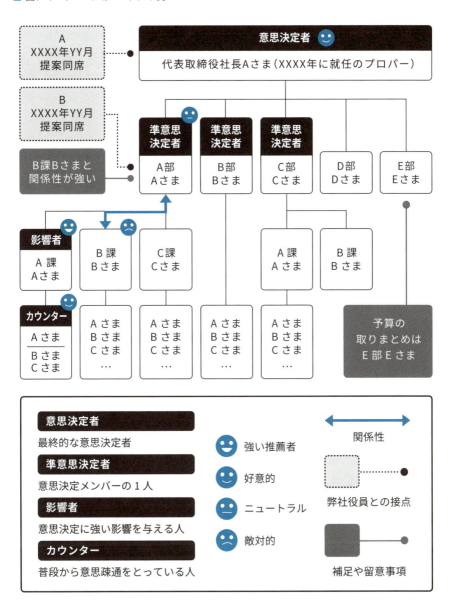

7-5

アプローチ方法を決定する

7-5-1 2種類のアプローチ

ターゲット企業の組織構造を把握し、アプローチする対象を特定できたら、アプローチ方法を決めます。

BDRのアプローチ方法は大きく2種類あります。**ターゲットと新規で接点をつくるためのアプローチと、ターゲット企業内で接点を広げるためのアプローチ**です。

7-5-2 BDRのアプローチ方法一覧

ターゲットと新規で接点をつくるためのアプローチ方法には、次のようなものが挙げられます。

- アウトバウンドコールをかける
- DM（メール）を送る
- CxOレター（手紙）を送付する
- LinkedInやFacebookなどのSNSで接点を持つ
- リファラルを活用する
  - 社内にターゲット企業との接点を持つ人物がいないかを調査し、紹介を依頼する
  - 既存顧客に紹介を依頼する
  - パートナー企業に紹介を依頼する

- 株主、銀行に紹介を依頼する
- 顧問紹介サービスを利用する
- **展示会やイベントで名刺交換する**

ターゲット企業内で接点を広げるためのアプローチ方法には、次のようなものが挙げられます。

- **ターゲット顧客向けのメールマガジンを配信する**
- **組織図を使って組織や関係性をヒアリングする**
- **ターゲット顧客の組織内でネットワークを広げる**（紹介依頼）
- **業界特化型セミナーや顧客登壇セミナーを企画する**

それぞれの方法についてくわしくは後述します。自社のリソースやターゲット顧客の特性に応じて、実施するアプローチ方法を決定しましょう。

7-6

BDRのKPIを決定する

7-6-1　BDRのKPI項目

アプローチの方向性が定まったら、BDRとして追うべきKPIを決定します。BDRのKPIもSDRのときと同様に、行動指標、経過指標、成果指標に分けることをおすすめします。

BDRが追うべき指標は、次の5つです（図7-5）。

【BDRのKPIの例】
- **ターゲットのリストアップ数**：アプローチ対象としてリストアップした人数
- **フォローアップ数**：ターゲットにアプローチした回数
- **ターゲット接続数**：ターゲットに接続した回数
- **パーミッション（有効リード）獲得数・パーミッション獲得率**：自社の製品・サービスについての興味関心を示した、または課題について合意を得た見込み顧客の数およびその割合
- **商談数・商談化率**：商談を獲得した回数およびその割合

■ 図7-5　BDRのKPI項目

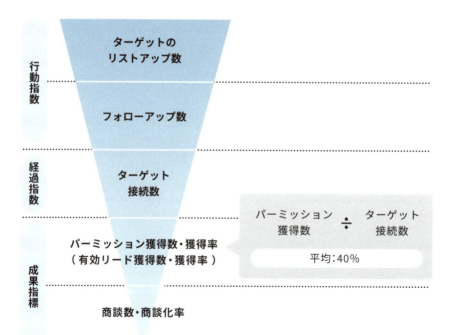

ターゲットのリストアップ数

　行動指標には、ターゲットのリストアップ数とフォローアップ数を設定します。ここでいうターゲットとは、BDRがアプローチをかける人物のことです。

　ただし、ターゲットのリストアップ数は多ければよいわけではありません。BDRにおいては粗い条件のリストをつくって量で勝負するのは不毛です。1件ずつの確度が高まるよう精査したリストを作成することを意識しましょう。

フォローアップ数

　フォローアップ数とは、メールや電話、CxOレター（手紙）、SNSのDMなどを使ってターゲットにアプローチした数です。フォローアップ数も画一的に量を追いかける必要はありません。あくまで行動指標ととらえ、マネジメントに役立つ参考値として見ておく程度にとどめましょう。

ターゲット接続数

　経過指標にはターゲット接続数を設定します。大企業の社長や役員にアプローチする場合、受付や秘書を介することが多いため、いきなり本人へつなげてもらえることは稀です。

　セールスリクエストによる集計では、架電におけるターゲット接続率は、時間帯によって高くても8.1％という結果が出ています（図7-6）。アプローチする業種やターゲットによって異なりますが、そもそも接続できる可能性は低いものと見積もっておきましょう。

パーミッション獲得率

　成果指標のパーミッション獲得とは、有効リードの獲得と同義です。注

■ 図7-6　BDRの時間帯別接続率（セールスリクエスト集計）

時間帯	接続	不通	総コール数	接続率
9時台	2	204	206	1.0%
10時台	118	1,336	1,454	8.1%
11時台	209	2,977	3,186	6.6%
12時台	72	1,438	1,510	4.8%
13時台	101	1,393	1,494	6.8%
14時台	227	2,561	2,788	8.1%
15時台	182	2,456	2,638	6.9%
16時台	200	2,891	3,091	6.5%
17時台	159	2,944	3,103	5.1%
18時台	34	1,117	1,151	3.0%
19時台	2	29	31	6.5%

意したいのは、単純な連絡先の獲得や接続ではないことです。

　たとえばターゲットと接続できても、自社の製品・サービスに興味を持っていない相手に対して合意がないまま営業活動を行えば、迷惑な押し売りになってしまいます。

　ターゲットと連絡がとれたあと、「○○という課題に対してこのようなサービスをご提案していますが、ご連絡差し上げてもよろしいでしょうか」という確認を行い、同意を得てはじめて、パーミッション獲得になります。

　なお、パーミッション獲得率は、受注確度の高いターゲットにアプローチできていれば、おおよそ40%が相場です。

商談数・商談化率

最重要KPIは商談数や商談化率に設定しましょう。SDRのように有効商談数をKPIとして追う必要はありません。**精査したターゲットリストから商談を創出できれば、SDRよりも受注確度の高い有効商談になる場合が多い**からです。

7-6-2　BDRのKPIは長い目で見ることが大事

BDRは、ターゲットのリストアップから考えると**商談化までの期間はSDRより長くなります**。自社の製品・サービスを認知していない人物に対してアプローチすることも多いため、商談化まで1～2年かかることも珍しくありません。

そのため、短期的な目標をおいた施策に傾いてしまっては本末転倒です。四半期や半期での達成が難しいことを念頭に置いて、なるべく長期的な視点を持って評価しましょう。

7-7

ターゲットと新規で接点をつくる

7-7-1　BDRの具体的なアプローチ

ここからはBDRの具体的なアプローチ方法について解説します。

まずはターゲットと新規で接点をつくるアプローチについて、次の代表

的な3つの方法を解説します。

- アウトバウンドコールをかける
- CxOレターを送付する
- リファラルを活用する

7-8

アウトバウンドコールをかける

7-8-1　断られる場合が多い

　BDRのアウトバウンドコールはインバウンドリードに架電するSDRとは異なり、自社の製品・サービスに興味がない、そもそも自社を知らない相手にかけることも多いため、断られる場合が多いです。先述した、BDRに取り組むにあたっては既存顧客へのアプローチから検討すべきであるというのはそのためです。

　とくに自社とこれまで接点がない企業をターゲットにする場合、まずは受付を突破して担当者へつないでもらう必要がありますが容易ではありません。

7-8-2　受付突破のためにできること

　受付のオペレーションは次のパターンが想定されます。

1. 用件を聞かれる→取引・面識有無を確認→担当者につなぐ
2. 用件を聞かれる→代表電話からはつなげないので終話
3. 自動アナウンスが応答

受付対応者は、基本的に用件の内容で担当者につなぐかどうかを判断しています。そのため、用件は必ず明確にしておきましょう。

また、担当者との関係性も重要視するため、可能なかぎり担当者の情報を調べたうえで電話をかけるようにしましょう。

受付突破の確率を上げるためにできるアクションとしては、次のようなものが挙げられます。

- バイネーム（個人名）を調べてから電話をする
- 用件を明確にするきっかけをつくる（CxOレター・DMを送った）
- 代表電話ではなく部門番号を調べて電話する

CxOレターについては後述します。

7-8-3　ターゲットの担当者にアプローチする方法

受付を突破し、ターゲットの担当者にアプローチする際は**「4つの不」の解消を意識してコミュニケーションをとりましょう**。4つの不とは、営業を受ける顧客の誰もが抱く不信・不要・不適・不急のことです。

不信：何者なのかわからないから不信感を抱いている状態
不要：必要ないサービスだと思われている状態
不適：自社にはあわない・使いこなせないと思われている状態
不急：まだ買わなくてよいと思われている状態

BDRはこれらを1つずつ解消していく必要があります。

不信

アウトバウンドコールにおいて、最も**苦戦するのは最初の「不信」**です。不信を解消するために意識したいことは、第4章で見込み顧客にアプローチする際の基本として紹介した「Why Now（なぜいま）」「Why You（なぜあなたなのか）」に加え、「Who am I（私は誰か）」を伝えることです。自分が何者でどのような価値を提供できるのかを伝えましょう。

初回アプローチでの通話時間は長くても3分程度が限界です。その短い時間に「Why Now（なぜいま）」「Why You（なぜあなたなのか）」「Who am I（私は誰か）」の3つを伝える必要があります。

また、初回からいきなりアポイントを打診することは顧客体験としてよくないので、ゴールは「資料送付の承諾を得て連絡手段を確保すること」に設定しましょう。

不要

「不要」ではすでに資料送付を行っているので、多少は自社の製品・サービスについては理解してもらえている状態からスタートとなります。

自社には不必要だと思われているので、潜在的な課題意識を引き出すために、類似の事例を紹介し、同様の課題感がないかをヒアリングしましょう。

次のようなことを伝えて、同様の課題感を持っている場合はその時点で商談を打診してみてもよいでしょう。

- 製品・サービスを導入した類似企業の同部門が共通して抱えていた課題
- 直近の類似企業からの問い合わせおよび相談内容

── 不適

不適とは、自社の製品・サービスに対して魅力を感じてもらえているものの、「本当にこれでよいのか？」と疑念を抱いている状態です。

あくまで一例ですが、見込み顧客が抱く懸念点とその解消法には次のようなものが挙げられます。

- **多機能すぎて使いこなせない**
  → 導入後のサポート内容・体制・コミュニケーション頻度を説明する
- **類似サービスと比べて劣っていないか**
  → 機能の比較表を提示する
- **費用対効果は出るのか**
  → 想定売上や削減コスト額を算出する

あらゆる質問を想定し、的確かつ丁寧に対処できるように準備しておきましょう。

── 不急

アウトバウンドコールの最後の「不」が「不急」です。「いまではない」という見込み顧客を説得するのは容易ではありません。とくに大企業は製品・サービスを導入するにあたって、しっかりと計画を立ててプロジェクト化することも多いため、ただの押し売りでは通用しないのは自明です。

不急を突破するためには、次の2つを確認しておくことがポイントです。

- **ほかに優先度の高いことは何か**

- **過去に類似製品・サービスを導入した際の時間軸と懸念点**

そのうえで、自社の製品・サービスが必要になる時期を見越して、導入までのスケジュールを逆算し、最適な商談日を提案しましょう。

たとえば、「決算が○月に締まるとのことでしたので、運用開始までのタスクを考えると○月にお打合せさせていただけないでしょうか」というイメージです。

「いまではない」という見込み顧客に対して無理に商談打診するのは逆効果なので、相手のタイミングや事情を尊重し、適切なタイミングで再アプローチするようにしましょう。

7-9

CxOレターを送付する

7-9-1　CxOレターが有効な場面

CxOレターとは、Webマーケティングや展示会ではリーチしづらいターゲット企業の役職者や決裁者と接点を持つために、手紙でアポイントをとるアプローチ手段のことです。

CxOレターという名称ではあるものの、役員クラスだけでなく、比較的アポイントが取りやすい部門長やマネージャークラスのアプローチにも有効な施策です。

CxOレターの送付は、次のような条件に該当する場合に検討しましょう。

- 担当者クラスではなく、決裁権を持った役職者にアプローチしたい
- 決裁権を持った役職者のリードを獲得できていない
- 大企業と接点を持ちたいが、何からはじめればよいのかわからない

CxOレターは郵送DMと混同されることがありますが、郵送DMは同一の内容を大量に送付するのに対し、CxOレターは1通ずつ内容をカスタマイズする点で異なります。

受け手に特別なメッセージであることを印象づけるために、CxOレターは**「限定感」「重要感」を演出しましょう**。

7-9-2 CxOレター作成のポイント

CxOレターを作成するにあたって押さえておきたいポイントは3つです。

- 封筒は高級感のあるものを使う
- 「あなただけに送っている」ことが伝わる内容にする
- 簡潔にA4用紙1枚にまとめる

先述したように、CxOレターは「限定感」「重要感」を演出することが大事なので、高級感のある封筒を使用しましょう。和紙を使用するのが一般的です。普通切手ではなく記念切手を使用するのもよいでしょう。

手紙の用紙に関しては限定感を演出するために高級感のあるものを使用して文章をすべて手書きするような場合もありますが、基本的には通常のコピー用紙を使用し、文面も印刷で問題ありません。大事なのはオファー内容です。

オファー内容は、「相手は自社の製品・サービスに興味を持っていない」

ことを前提に吟味しましょう。そして、「あなただけに手紙を送っている」と感じてもらうことが大事なので、アウトバウンドコールと同様に、「Why Now（なぜいま）」「Why You（なぜあなたなのか）」「Who am I（私は誰か）」を伝えましょう。

　CxO レターにおけるオファー内容は、次のようなものが挙げられます。

- 自社カンファレンスの招待
- 少人数勉強会の招待
- 面談の依頼
- 同業他社の事例紹介

　内容は簡潔で読みやすいものが好まれるので、A4用紙1枚にまとめるようにしましょう（図7-7）。

【CxO レター作成時のチェックリスト】
　☑ 封筒は高級感のあるものを使用しているか
　☑ 何を見て手紙を送付したのかを記載しているか
　　　例：有価証券報告書、インタビュー記事
　☑ 上記のどの部分に着目したのかを記載しているか
　　　例：中期経営計画のなかにある○○の課題に着目して○○
　☑ 目的を端的に記載しているか
　☑ 自社の紹介を端的に記載しているか
　☑ 対象企業の課題やニーズ（仮説）にあわせた提案ができているか
　　　例：○○コストの増加という課題に対して△△を提案

　なお、CxO レターは個社ごとに全文カスタマイズされた内容を送付するのがベストではあるものの、業界向けに一斉に送付することもあります。

■ 図7-7　CxOレターを作成する際のポイント

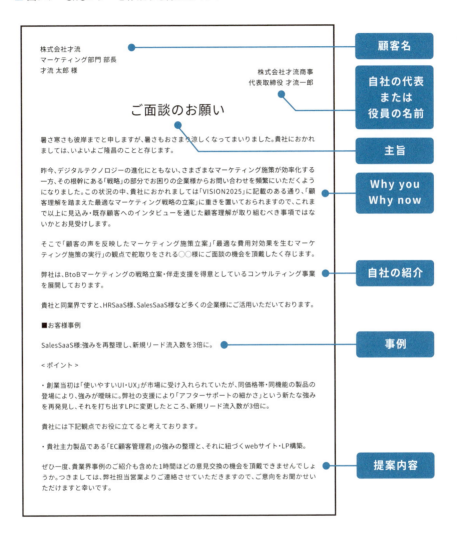

効率性を重視する場合は基本フォーマットを用意し、中身の一部分をカスタマイズして作成しましょう。Web上にCxOレターの文例フォーマットを公開しているのでご活用ください（https://sairu.co.jp/method/2657/）。

7-9-3　必ずフォローコールを行う

　CxOレターの送付において、最も重要なのは**送付後のフォローコール**です。CxOレターを送付する目的はターゲットとの接点づくりですが、内容がよほど魅力的なものでないかぎり反応はほとんどありません。

　CxOレターは「送付した」という事実をつくることが大事であり、それをきっかけにアウトバウンドコールをかけることが真の目的といえます。CxOレターを送付した2〜3営業日後に必ずフォローの電話をしましょう。

7-10

リファラルを活用する

7-10-1　信頼できる第三者からの紹介は有効

　リファラル（他者からの紹介）もBDRにおいては欠かせないアプローチ手段の1つです。アウトバウンドコールやCxOレターとは異なり、面識はないまでも、信頼できる第三者からの紹介として接触するため、ターゲットからの信頼も得やすく、比較的早期に商談に発展しやすいのが特長です。

　リファラルには、主に次のような方法が挙げられます。

- 社内にターゲット企業と接点を持つ人物がいないかを調査し、紹介を依頼する
- 既存顧客に紹介を依頼する

- **パートナー企業に紹介を依頼する**
- **株主、銀行に紹介を依頼する**
- **顧問紹介サービスを利用する**

　まずは、自社の他部署や経営層、グループ会社の社員も対象にターゲット企業とのつながりがある人物がいないかを調査します。とくに経営層からの紹介はスムーズに商談が進む場合が多いです。

　既存顧客やパートナー企業に紹介を依頼するのも一般的な方法です。第8章の事例で紹介するhacomonoでは、アドバイザー契約を結んでいる企業や個人から紹介してもらった顧客にアプローチする専門チームがインサイドセールス内にあるといいます。

　また、株主や銀行からの紹介も効果的です。とくにベンチャーキャピタルやエンジェル投資家などの株主は投資先企業の価値向上が自身の利益にもつながるため、積極的に動いてもらいやすい傾向があります。

　顧問紹介サービスとは、大企業の役員や管理職など豊富な経験と人脈を持つ人材と、企業をマッチングさせるサービスです。代表的なものに、顧問名鑑（株式会社顧問名鑑）、HiPro Biz（パーソルキャリア株式会社）、顧問バンク（株式会社顧問バンク）などがあります。

7-10-2　顧問紹介サービスを有効活用するポイント

　顧問紹介サービスは登録したからといって、すぐにターゲットとなる見込み顧客を紹介してもらえるわけではありません。

　顧問紹介サービスを有効に活用するために次の2つを徹底しましょう。

- **顧問紹介サービスの担当者に自社事業についてきちんと説明する**
- **顧客と顧問の両方にメリットのある提案をする**

顧問紹介サービスに登録すると、担当者が自社のニーズにあわせて顧問をリストアップしてくれますが、**自社の事業について正しく理解していないと適切な顧問の紹介を受けられません。**

　紹介された顧問に対しては、その**顧問と顧客の両方にメリットのある提案**を行うようにしましょう。たとえば、「自社の○○というサービスで○社と商談したい。業界初の事例となりますし、△△さんとしても、○社の事業成長に寄与できます」というように、顧問にとっても当事者意識が持てるような提案が理想です。

7-11

ターゲット企業内で接点を広げる

7-11-1　BDRは見込み顧客と対面で接触することもある

　ターゲットに対して新規で接点をつくったら、次は接点を広げる活動を行います。ターゲット企業内に面識のある人や部署を増やし、決裁者や決裁に関与する人を見つけ出すほか、自社の製品・サービスの認知や支持者を増やしていくことが目的です。

　インサイドセールスは、オフィスにいながらメールや電話、オンライン商談ツールなどを使って行う非対面の営業活動と定義されますが、とくに大企業を対象とした**BDRでは、見込み顧客と対面で接する機会も出てきます。**「インサイドセールス」の枠組みを超え、マーケティング部門やフィールドセールスと協業しながら、商談創出に努めましょう。

　接点を広げる活動では、コンテンツの質がカギを握ります。ターゲット

企業の課題の理解を深めながら、課題解決につながるコンテンツをカスタマイズして、提供することがポイントです。

接点を広げる活動の例としては、次のようなものが挙げられます。

- **ターゲット顧客向けのメールマガジンを配信する**
- **組織図を使って組織や関係性をヒアリングする**
- **ターゲット顧客の組織内でネットワークを広げる**（紹介依頼）
- **業界特化型セミナーや顧客登壇セミナーを企画する**

7-11-2　ターゲット顧客向けのメールマガジンを配信する

ターゲット顧客向けにカスタマイズしたメールマガジンを定期的に配信し、継続的な情報提供を行うことは、接点を広げる基本的な活動です。

メールマガジンには、業界の最新動向や自社の製品・サービスのメリット、成功事例を記載し、ターゲットの関心を惹きつけます。

メールマガジンを作成する際は、「○○社さま向け業界レポート」のように、タイトルや宛先にターゲット顧客名を入れましょう。そして、本文の最初の数行で、自分たち（ターゲット顧客）に向けられた情報であることがわかるようにしてください。ターゲット顧客の直近のニュースやIR情報が参考になります。

7-11-3　組織図を使って組織や関係性をヒアリングする

ターゲット顧客の組織図（先述した組織図把握シートやリレーションマップなど）を印刷し、接点のある相手に対して、組織構造や部署間、担当者間のヒアリングを行います。ポイントは、**相手と一定の関係性があることと、ヒア**

リングする理由（例「よりお役に立てる提案を行いたい」など）を伝えることです。

組織図が公開されていない場合は、過去の名刺情報や公開情報から調査し、手書きでも構わないので自作の組織図を用意します。複数の関係者からヒアリングを行うことで、より正確にターゲット顧客内の状況がわかり、商談後も役立ちます。

7-11-4　ターゲット顧客の組織内でネットワークを広げる（紹介依頼）

ターゲット顧客と新規で接点をつくった相手や、カウンター（窓口となる担当者）に対し、上司や他部門の同僚、社内関係者の紹介を依頼し、新たなキーパーソンとの接点をつくります。

前提として、相手が自社と一定の関係性があり、紹介するメリットがあると認識されている必要があります。日ごろから、相手や紹介してほしい部署の関心ごとを押さえ、期待値を超える情報提供や小さな課題解決に努め、信頼関係をつくりましょう。

紹介をいただいた際には、フィールドセールスに相談し、適切な担当者をアサインしてもらいます。事例や仮説提案の用意など、インサイドセールスからサポートできることがあれば、積極的にかかわりましょう。

7-11-5　業界特化型セミナーや顧客登壇セミナーを企画する

こちらは、一度に複数のターゲット顧客に対して実施できる活動です。

業界特化型セミナーでは、特定の業界に特化したセミナーを企画し、複数のターゲット顧客からの参加者を集めます。たとえば、「関西の大手製造業向けセミナー」や「小売業向けDXセミナー」などが挙げられます。

セミナーでは業界の最新動向や技術トレンド、同業他社の事例を紹介することで、ターゲットアカウントとの接点を増やします。また、参加者同

士のネットワーキングの時間を設けると、参加者から喜ばれるでしょう。

　顧客登壇セミナーは、自社製品・サービスの利用経験や成功事例を共有するセミナーです。このセミナーでは、既存顧客の生の声を通じて、ターゲット顧客に対する説得力を高め、信頼関係の構築を図りましょう。

第 **8** 章

8社の事例から探る
インサイドセールス
の最適解

インサイドセールスに取り組む企業各社は、どのような組織体制を築き、どのような戦略のもとで、どのようなアプローチを実行し、どのような工夫を凝らして成長を続けているのでしょうか。

次の8社のリアルな事例からインサイドセールス導入・最適化のヒントを探っていきます。

　成長期の事例1：株式会社Another works

　成長期の事例2：SecureNavi株式会社

　成長期の事例3：株式会社SalesNow

　拡大期の事例1：株式会社hacomono

　拡大期の事例2：株式会社Leaner Technologies

　成熟期の事例1：株式会社IVRy

　成熟期の事例2：株式会社コンカー

　成熟期の事例3：株式会社SmartHR

成長期の事例 1

株式会社 Another works

成功パターンを型化し、複業人材が活躍できる体制を構築

概要

　株式会社Another works は、2019年創業のスタートアップ企業。複業をしたい個人と企業や自治体をつなぐ、総合型複業マッチングプラットフォーム「複業クラウド」を開発・運営しており、2024年10月時点での累計導入社数は2,000社、登録者数は約80,000人にのぼります。

　同社のインサイドセールスの特徴は、複業人材を有効に活用している点です。立ち上げ期から成功パターンの型化に努めたことが、リソースの有効活用および成果につながったといいます。インサイドセールスの立ち上げを担った渡邉氏と南氏に、KPIの変遷や人材活用のポイントについて伺いました。

取材協力

渡邉 峰丈氏

新卒入社した総合人材サービス会社で約2年間の勤務を経て、2021年にAnother worksに入社。1人目のインサイドセールスとして、The Model型のセールス組織を構築。インサイドセールスマネージャーとして約3年間従事し、現在は「コアパートナー」という形で外部とのアライアンスやイベント企画運営など幅広く複業クラウドの認知拡大に従事している。

インサイドセールス　インサイドセールスマネージャー
南 麻美氏

新卒で人材サービスを展開するメガベンチャーに入社し、介護士派遣に携わる。2021年にインサイドセールス2人目のメンバーとしてAnother workに入社。現在はインサイドセールスのSDRチームのマネージャーを担う。

■ 図8-1　Another worksの組織図

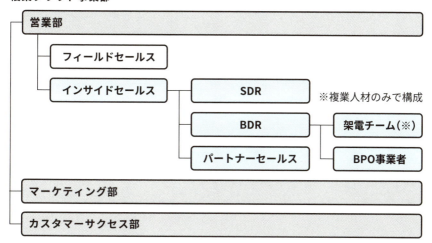

3チームからなるインサイドセールス

Q：インサイドセールスチームの現在の体制について教えてください。

　The Model型の組織で、インサイドセールスは、SDR、BDR、そしてパートナーセールスの3チーム体制です（図8-1）。SDRは正社員3名と業務委託2名、BDRは正社員1名と業務委託2名、パートナーセールスも正社員1名、業務委託2名で構成されています。また、一部のSDRメンバーがBDRを兼任しています。業務委託メンバーは、当社の「複業クラウド」を通して採用しています。

Q：インサイドセールスを立ち上げた経緯を教えてください。

創業して3年ほど経ったころ、広告経由からのリード獲得が堅調、かつ売上をつくれるフィールドセールスを3名育成することができました。そして分業制 (The Model型) 組織に移行して一気に営業に拍車をかけようとしたことがきっかけで、まずはSDRのインサイドセールスを立ち上げました。社内にはインサイドセールスの知見がなかったため、社外の経験者や有識者に対してヒアリングを行い、具体的な進め方やKPIの設計などを学びました。

当時は、私たちのドメインである「複業」に関心の高い、イノベーター層による広告経由のリードが多く、フィールドセールスにもサポートしてもらいながら、インサイドセールスの業務を構築していきました。立ち上げから約3か月後には、最初のメンバーとして、インサイドセールス経験者を採用しています。その後、インサイドセールスとフィールドセールスのリソースのバランスを見ながら、メンバーの採用を進めました。

Q：BDRはどのような経緯でスタートしましたか？

事業成長にともない売上目標が伸びるなか、SDRのインバウンドリードからの商談だけでは目標の達成が難しく、アウトバウンドリードからの商談化が必要でした。また、広告ではリーチできない顕在層に対してアウトバウンドでアプローチをしたところ、受注率によい影響が見られたのです。これらの背景から、BDRにも注力をはじめました。

BDRの立ち上げ当初は、従業員50人以下のベンチャー企業の経営者をターゲットとしていました。この層は、まず電話に出ることがありません。そこで、SNSのDMや問い合わせフォームなどからのアプローチを行い、アポイントを獲得していました。約80％が架電以外の方法でしたね。

その後、BDRの拡大にあわせて、BPO会社（業務プロセスの一部を担う専門業者）さまに架電の業務をお願いしています。BPO会社さまには初回のアウトバウンドコールをお願いし、自社では失注したリードのフォローを行うという役割分担をしています。

Q：インサイドセールスチームの主なKPIを教えてください。

SDR、BDRともに、KPIは商談獲得数です。とくにBDRでは、「業務委託活用への合意があること」「決裁者ないしは準決裁者とのアポイントであること」という基準を満たした商談数も重視しています。ただ、架電数やメール送付数などの活動目標は明確に追っていません。立ち上げ初期はなるべく商談をトスアップすること、つまり質より量を重視していました。しかし、メンバーが増え、BDRに注力するようになると、リードソースによって商談化率に差が出てくるようになりました。改めて、リードソースごとの商談の質を統一し、目標の受注数に必要な商談数の設計を行いました。BDRが獲得する商談の基準を設けたのも、この時期です。

Q：インサイドセールスチームの立ち上げ期から成長期にかけて、工夫した点を教えてください。

複業人材の積極的な活用です。とくにBDRチームでは、複業メンバーのみで構成された架電チームを設けています。私たちと距離が近いぶん、業務上のフィードバックだけでなく、会社のビジョンやメッセージを伝えるといった、モチベーションを高めるためのコミュニケーションが直接とれるため、チーム運営に手応えを感じています。

私たちは、「インサイドセールスとは、フィールドセールスの登竜門ではなく、専門職だ」と考えています。立ち上げ期はインサイドセールスの経

験者の採用が不可欠ですが、転職市場に人材が少ないため、フルタイムの正社員採用は難しい状況です。その点、複業であれば、短時間でも経験者や自社にない他ドメインの知識・スキルを持った人と仕事ができます。

　もちろん、はじめから複業人材に活躍いただける体制ができていたわけではありません。大切にしていることは、期待値の調整です。「○○さんのこれまでのご経験から、月に○件のアポイントは取れると思います」と、目標やミッションを明確に伝えました。そのうえで、一方的に業務を依頼するのではなく、「ぜひ力を貸してほしい」「経験をいかしてほしい」と複業人材に頼るようなかかわりを重視してきました。

　目標を達成したならば、より活躍いただけるような目標を設定しましたし、目標達成が難しい場合は、一緒に目標の見直しも行い、経験をいかせるハードルを調整してきました。

　また、アポイントをとるにあたって必要な確認項目のリストを作成したり、商談化しやすいリードからお願いするようにしたりなど、複業人材が取り組みやすいような体制も整えました。スキルが高い人ほど、短い時間でもしっかりとパフォーマンスを発揮できます。立ち上げ当初から、積極的に経験が豊富な複業人材に頼ることをおすすめしたいです。

Q：複業人材の活用のほかに、工夫されたことはありますか？

　インサイドセールスの立ち上げ初期から成功パターンの型化に取り組んでいました。インサイドセールスは膨大なデータを扱い、お客さまとの対応数が最も多い部署です。定量・定性両方のデータから、よい事例の型化を意識してきたことが、成果につながっています。複業人材の活用や外部委託においても、型がなければ機能しません。拡大期を迎えるにあたっても、構築してきた型があることが大きな強みになると考えています。

Q：では、どのような点が大変でしたか？

KPIの設計です。とくにBDRは、SDRに比べて商談獲得率や受注率が低くなるため、適切なKPIの設計に苦労しました。また、施策ごとに商談獲得率に大きく差が出ます。たとえば、架電とSNSのDMでは、お客さまのサービスへの温度感や関心度合いが異なるのです。

チームメンバーのモチベーション管理も課題でした。BDRとSDRは同じKPIを追っていますが、BDRにはアポイントの基準を設けています。

また、フィールドセールスとのコミュニケーションにも工夫が必要です。BDRからのアポイントは、受注率が低くなる分、フィールドセールスからのフィードバックが厳しい傾向にあります。インサイドセールスとして、「なぜこのアポイントをトスアップしたのか」の背景までしっかりと伝える必要があると感じています。

Q：SDRとBDRで、求められるスキルの違いはありますか？

SDRには、瞬発力と中長期的な視点でお客さまと関係性を深めていく姿勢が重要です。また、お客さまの状況に応じて臨機応変に必要な情報を判断し、提供する能力も求められます。一方BDRには、情報収集能力が重要だと考えています。お客さまの情報はもちろん、新しいBDR施策の情報などを収集・分析する能力に長けていると活躍しやすいのではないでしょうか。

Q：他部署とはどのように連携をとっていますか？

マーケティング部門とは、週次でミーティングを行っています。アポイント獲得率や営業対象外となる無効リードの割合についてフィードバックをしています。また、お客さまの反応がよかったLPのメッセージや、サー

ビスの認識ずれが起きていた話など、定性的な要素も伝えるようにしています。資料ダウンロードの経緯もふまえたお客さまの動きを伝えることが多いです。やはり、指名検索からのリードは商談化率が高いですね。

フィールドセールスとは定期的なミーティングではなく、案件ごとに確認を行っています。

Q：拡大期へ向けて、注力したいことを教えてください。

複業人材、外部企業とのノウハウの標準化を行いたいです。あとは、ターゲット企業へ注力したアプローチにもいま以上に取り組みたいと考えています。

筆者が見たポイント　**複業人材が活躍しやすい体制づくり**

自社の「複業クラウド」をドッグフーディング（自社の製品・サービスを社内で利用）することで、難易度の高い正社員採用にこだわらず専門性を持つ複業人材を活用しながら組織を構成しているのはユニークな取り組みといえます。複業活用サービスは人材サービスとは異なり、人事・採用部門が担当となって進めるフローではないため、事業部の責任者を中心とした決裁者と商談しなければ受注できないのが特徴です。

そのため、ボトムアップではなくトップダウン型のアプローチが必要であり、当然商談獲得の難易度は高くなります。そのなかでも、決裁者という高いハードルを満たした商談数をKPIとしている点から、チームのコミットメントレベルが非常に高いことが伺えます。

複数人材が活躍しやすいような体制づくり、たとえば同社が実践している事前の期待値調整や経験に応じたハードル設定などは、今後外部リソースの活用を検討している組織にとっては参考になるでしょう。　（原 秀一）

SecureNavi 株式会社

成長期の事例2

試行錯誤の末に
独自の業務フローを確立

概要

　SecureNavi株式会社は、情報セキュリティ分野のDXに取り組む2020年創業のスタートアップ企業。主力サービスの「SecureNavi」はISMS認証やPマークにおける取り組みを自動化・効率化するクラウドサービスであり、導入社数は2024年7月時点で700社を超えています。

　同社のインサイドセールス部門は2022年8月に発足し、現在は5名が在籍しています（図8-2）。発足当時は1人目の専任者である青木氏を中心に試行錯誤を続けながら独自の業務フローを整備してきたといいます。青木氏、山本氏、営業部部長の堀田氏に立ち上げ期の経験談や成長期を迎えた現在のチーム体制、課題などについて話を伺いました。

取材協力

SecureNavi事業本部 プロダクトマネジメント室
青木 智仁氏
求人広告営業やヨガスタジオ経営、美容業界の広告および予約SaaSの営業などを経て、SecureNaviに2人目の社員として入社。2022年にインサイドセールスを発足し、1人目の専任メンバーとして活動し、インサイドセールスと新人育成担当として2年従事。現在はSecureNavi事業本部 プロダクトマネジメント室に所属している。

SecureNavi事業本部 事業開発部
山本 陽祐氏
SaaS管理ツールを提供する会社を経て、2023年にSecureNaviに入社。同社では約半年間インサイドセールスに従事し、現在はSecureNavi事業本部 事業開発部に所属している。

SecureNavi事業本部 営業部 部長
堀田 健太氏
新卒入社の大手人材サービス会社では、人材派遣、業務委託事業の営業に従事。その後、国内大手のSaaS企業に入社し、インサイドセールスチームの立ち上げや営業組織

の統括リーダーを担当。SecureNaviには2023年に入社し、現在は同社の営業部長を務める。

■ 図8-2　SecureNaviの事業本部の組織図

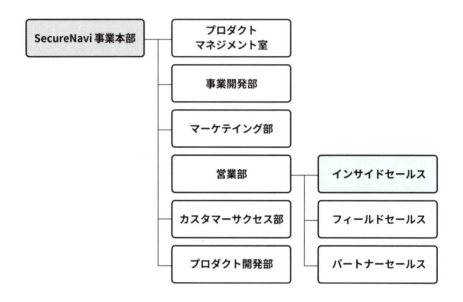

営業部のなかにありながらマーケティング部門とも密に連携

Q：現在、どのような体制でインサイドセールスに取り組んでいますか？

　インサイドセールスのチームは営業部門内にある形となっていて、営業部にはフィールドセールスやパートナーセールスも含めて14名が所属しています。そのうちインサイドセールスを担当しているのは5名です。
　インサイドセールスのチームは営業部のなかにあるものの、マーケティング部とのかかわりも深く、「商談獲得」という同じ目標に向かって連携しながら業務に取り組んでいます。

Q：インサイドセールスチームを立ち上げた経緯を教えてください。

当社の営業はもともとインサイドセールスとフィールドセールスという区分けがなく、1人が兼務している形でした。しかし、それだと商談や商談後の顧客フォローに多くの時間が必要だったため、必然的にリード対応に使える時間がかぎられていました。たとえばメールでアプローチをするにしても、シンプルなフォーマットのメールを1通送るくらいのことしかできていなかったのです。

そうした課題を抱えていたなかで、フィールドセールスのメンバーが1名入社したこともあり、インサイドセールスを専任化しました。

当時はちょうど当社が資金調達を受けて本格的な組織づくりをはじめ、インサイドセールスとマーケティング部門とフィールドセールスの担当者がそろった時期でもあります。

しかし、各1名ずつという体制で、十分なリソースではありませんでした。組織拡大を見据えて、手探りで業務プロセスの構築に取り組んでいましたね。

Q：インサイドセールス専任になったあと、どのような取り組みから着手されたのでしょうか？

最初に取り組んだのは、リード対応フローの整備です。どのリードに対して、どういったアプローチをしていくか、最適なメールの文面や架電時のトークはどのような流れが理想なのかを考え、マニュアルに落とし込んでいきました。

これまでの経験をもとにしながら、ほかのSaaS企業の手法やベストプラクティスも参考に、SecureNaviにおけるインサイドセールス業務のマニュアルをつくりました。

Q：マニュアルをつくるにあたって、どのような点を意識されましたか？

　2人目のインサイドセールス担当者がジョインしても、すぐに業務に着手できることを目指していました。入社直後のメンバーが「マニュアルを読んだだけで業務の流れがわかる」くらい、丁寧な内容を意識していました。

　業務に慣れてくると細かい説明は省略してしまいがちですが、マニュアルは少し回りくどいくらい丁寧に、簡略化した言葉も極力使わず、誰でもすぐにわかる、使えるレベルを目指して書くようにしました。

Q：立ち上げ期のKPIは商談獲得数と伺いました。なかでも、メールが成果につながっていたそうですが、どのような要因があったのでしょうか？

　情報セキュリティ領域の自動化・効率化というプロダクトの性質上、私たちが接しているお客さまは情報システム部門の方々が中心です。仮説としては、電話よりもテキストベースでのやりとりが好まれることが多かったからなのではないかと考えています。

　試行錯誤している段階で、初回のアプローチを電話からメールに変更したところ、それだけでも商談につながりやすくなりました。

　また、そもそもSecureNaviに興味を持ちはじめている時点で、ISMS認証の取得に関しても前向きに検討されている方は多いです。とくに当時はいまと比べてリードの数は少なかったものの、その大半をISMS認証の取得や当社のプロダクトへの関心が高い方々が占めていたこともあり、メールだけでも商談につながっていたのだと思います。

Q：お客さまへのアプローチの仕方1つとっても、何度も試行錯誤しながら改善を続けてこられたと思いますが、その際に大事にしていたポイントを教えてください。

　まずは一般的なインサイドセールスのセオリーを実践すること。そのうえで自社流のベストプラクティスを見つけることですね。たとえば、インサイドセールスのセオリーには「リード発生後はできるだけすぐに架電をする」というものがあります。しかし当社では、「リードが発生してから、最低1時間はアプローチをしない」という独自ルールがあるのです。これはインサイドセールスのセオリーに反するように思われるかもしれません。

　実は当社でもセオリーどおり、リードが流入してから数分程度で電話をかけていた時期がありました。その結果わかったのは、それでは当社のお客さまにとっては早すぎるということ。「まだ資料を読んでいないので、何もわからないです」という言葉を多くのお客さまからいただきました。

　当社のプロダクトはISMS認証の規格などが絡んでくるため、プロダクトの内容以前に、基本的な知識が必要となります。だからこそ、まずは資料を読んで理解する時間がほしいというお客さまが多かったのです。

　このような気づきを得られたのも、最初に一般的なセオリーに則って電話をしていたことが大きかったと思います。

Q：成長期を迎え、インサイドセールスチームの課題に変化はありましたか？

　事業成長に伴って、インバウンドのリードに対応するだけでは目標を達成することが難しくなってきました。そこで2024年からハウスリストへのアプローチを開始し、主に掘り起こしリード（新規リードとして流入後、商談

には至らなかったリード）と失注リード（商談をして受注には至らなかったリード）への対応に力を入れました。

Q：それぞれのリードに対してどのようにアプローチされたのでしょうか？

　掘り起こしリードへのアプローチは主に2つ行いました。1つはマーケティング施策に連動したアプローチです。施策内容と親和性の高いリードのリストを仮説で作成し、アプローチを実施していました。

　もう1つは、さまざまな切り口でリストを作成し、ニーズを持つお客さまにはどういう特徴があるのかをアプローチしながら仮説検証していきました。リストの切り口としてはISMS認証取得状況、業界、規模、アクティビティ、リード流入日、リードソースなどです。

　失注リードについては、各リードにインサイドセールス側でTo Doを設定するようにしました。以前からメールは送っていたものの、追客したい失注リードに対して具体的なTo Doを紐づけることができていなかったので、まずはそこから着手しました。

Q：たくさんのリードが存在するなかで、どのように優先順位やアプローチの方法を決めていったのでしょうか？

　たとえば失注リードであれば、フィールドセールスの担当者が商談時のメモや失注理由の詳細などを記録してくれているため、その内容をもとに優先順位を決めてアプローチしています。

　また、メンバーが増えたことでそれまで手つかずだったリードに対応できるようになると、まったく商談に至らないリスト（リード群）がわかるようになりました。そうした発見は今後効率的にリードにアプローチするためには大きな収穫だったと思います。

Q：リードの数が増えてきているなかで、インサイドセールスからフィールドセールスへ、トスアップする条件なども決められているのでしょうか？

現状ではとくに条件はありません。これまでは、ISMS認証取得を検討する層のリードが多く、有効商談率も高かったため、トスアップの明確な基準を設けていませんでした。

ただ、以前に比べてSecureNaviが注目いただけるようにもなってきた結果として、受注率が低いリードも少しずつ増えてきています。その解決策として、今後は有効商談の定義をつくり、有効商談の獲得件数を目標にしていきたいと考えています。

また、直近では商談化したリードに対して、フィールドセールスの担当者からフィードバックをもらう機会も増えてきました。商談動画を共有してもらったうえで振り返りをする場を設けるなど、インサイドセールスとして商談の質を高めるための取り組みを行っています。

Q：メンバーの育成において、工夫されていることはありますか？

オンボーディング資料はインサイドセールス、フィールドセールスに分けて準備しており、それぞれにステップアップの基準を設けています。

インサイドセールスであれば、通常のデモロープレと架電ロープレでそれぞれ基準を設定し、合格すれば次のステップに進めるような内容になっています。規格に関するキャッチアップも多数の動画を用意しているため、自身でオンボーディングを進められる体制にしています。

Q：今後は新たな取り組みとして、BDRの外部委託も検討されていると伺いました。背景や狙いを教えていただけますでしょうか。

　一度内製でBDRに取り組んでみたところ、想定以上に商談を獲得できたため、もっと力を入れて取り組んでいきたいと思ったのがきっかけです。社内にBDRの経験があるメンバーもいますが、ノウハウを得るという観点から専門的な知見のある方々と協力してやっていくのがいいのではないかと思いました。

　当社のプロダクトはある程度ターゲットが決まっているので、委託するパートナー企業は1社1社に向きあってコミュニケーションをとってくださる会社が理想です。

　加えて「同じ領域のサービスを扱った実績があること」「この人にお願いしたいと思える営業人員がいること」「情報管理をしっかりしていること」を軸に、パートナー企業を探しているところです。

Q：拡大期に向けて、思い描いているプランや組織のイメージがあれば教えてください。

　現段階ではあくまで構想ですが、2025年ごろには営業部をより細かなチームに分けられるようになったら面白いだろうと考えています。たとえば「BDRで獲得したリードを専門に対応するフィールドセールスチーム」といったように、フィールドセールスやインサイドセールスのなかにもいくつかチームが存在するイメージです。

　ポイントは「PDCAを回せる単位」でチームを組成するということ。この数年の検証結果として、リードの中身によって受注率が大きく変わることが明らかになってきました。今後はそこにフォーカスをしながら、高い目標に向かってしっかりとPDCAを回せる組織を目指していきたいです。

筆者が見たポイント　あえて架電を急がない

SecureNaviのインサイドセールスは、少人数ゆえにメンバー同士の連携が活発であり、マーケティング部門やフィールドセールスとも密にコミュニケーションをとっているのが特徴的です。立ち上げ期から成長期のインサイドセールスにおいては理想的な活動といえます。

また、同社の「リードが発生してから、最低1時間はアプローチをしない」という独自ルールは印象的です。資料ダウンロードからは1秒でも早く架電するというのが定石のように考えられていますが、自社の製品・サービス、顧客の特性にあわせて適切な対応フローを構築している点は他社も参考にしたいポイントです。

成長期は人員を拡大していくための準備期間ともいえるため、同社のようにリード対応フローや業務のマニュアル、オンボーディング資料を作成しておくことが大事です。マニュアルは最初から質の高いものをつくろうとするのでなく、徐々にアップデートしていくことを前提につくることをおすすめします。

（原口 拓郎）

株式会社 SalesNow

成長期の事例3

自社プロダクトの企業DBを活用し、効率的かつ的確な顧客アプローチを実現

概要

　株式会社SalesNow（セールスナウ）は、全国500万社以上を網羅した業界最大級の企業データベース「SalesNow」を展開するスタートアップ企業。「誰もが活躍できる仕組みをつくる。」をミッションに掲げ、2019年の創業から着実にユーザー数を増やしてきました。2024年7月時点での累計導入社数は700社を超え、企業データベースメディア「SalesNow DB」の月間アクティブユーザー（MAU）は300万人を突破しています。

　同社のインサイドセールスの特徴は、顧客理解を深めるために、自社が展開するデータベース「SalesNow」を活用している点にあります。インサイドセールスの現在の体制（図8-3）や自社のプロダクトを業務に活用している理由などについて、セールス責任者である中嶋氏と取締役兼COOの粂（くめ）氏に話を伺いました。

取材協力

セールス責任者
中嶋 太一氏
新卒入社したレバレジーズ株式会社では、フリーランス領域での法人営業を経て、新卒紹介事業の立ち上げに参画し、同事業の責任者に就任。2023年に1人目の事業開発セールスとしてSalesNowに入社し、現在はセールス全体の統括を務める。

取締役兼COO
粂 耀介氏
新卒入社したレバレジーズ株式会社にて、現SalesNow代表の村岡氏と共に新規事業の立ち上げを経験。2019年8月にSalesNowを共同創業。現在は取締役兼COOとして、ビジネスサイド全体の統括およびSalesNowプロダクトオーナーとしてプロダクト最終責任者を担う。

■ 図8-3　SalesNowの組織図

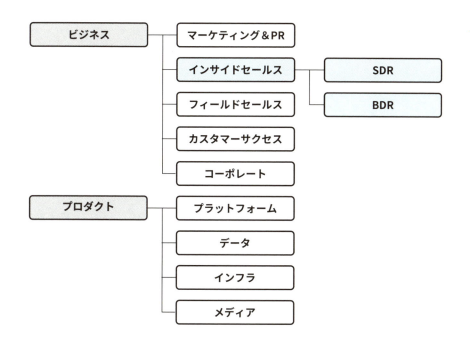

SDRとBDRを兼務してリソースを最適化

Q：インサイドセールスチームの現在の体制について教えてください。

　当社は大きくビジネスチームとプロダクトチームに分かれており、インサイドセールスはビジネスチームに属しています。インサイドセールスのメンバーは総勢4名で、社員2名、業務委託2名という構成です。
　インサイドセールスの役割はSDRとBDRに分かれているものの、両者をチームとして明確に分けてはおらず、兼務する形になっています。インサイドセールスチームを立ち上げた当時からSDRとBDRの両方に取り組

んでいて、SDRに注力する期間もあれば、逆にBDRに注力する期間もあり、事業の状況に応じてリソースを調整してきました。

Q：インサイドセールスの立ち上げ初期はどのような取り組みをされていましたか？

立ち上げ初期から一貫して、SalesNowの企業データをインサイドセールスで活用し生産性を高めることに注力しています。

SDRでは、インバウンドリードに対してSalesNowの企業データをすべて付与し、優先度づけや掘り起こしのタイミング検知に活用できる体制を構築しました。また、当データを用いて細かいセグメント別にCRMを活用してメールを配信するなどのナーチャリング体制を構築してきました。

BDRでは、SalesNowを用いて、営業強化ニーズがある企業を絞り込んだり、対象の部署やキーマンを特定したりしてアプローチしています。BDRは1つの手法がうまくいったからといって、継続的に成果が出続けるものではありません。データを活用してPDCAをいかに回せるか、そのための体制や仕組みをつくることができるか、ということはつねに意識していますね。

Q：インサイドセールスチームのKPIは何ですか？

有効商談数です。目標件数は、そのときのフィールドセールスの人数や事業計画によって多少変動させています。

Q：KPIはSDRとBDRで分けていますか？

どちらも共通で有効商談数に設定していますが、その目標件数がSDR

とBDRで異なる形です。内訳も単純にSDR○件、BDR○件というような分け方ではなく、リードの流入経路ごとに細かく分けて設定しています。SDRであれば展示会や広告などのチャネルごとに、BDRであればリファラルやパートナー経由、完全に新規のアウトバウンドなどの獲得経路ごとに目標件数を設定しているという感じです。

Q：「有効商談」というのは、どのように定義されていますか？

　有効商談であるかどうかはフィールドセールスが商談してからでないと判断できないものではあります。ただ、ベースとして自社のターゲットに合致しているかどうかを判断するために、「従業員数が50名以上」「営業が5名以上いる」「幅広い業界を対象としたサービスを展開している」などを商談化の条件に設定しています。

　あと、定性的ですが顧客との間で「課題について合意形成できているか」も重視しているポイントです。

Q：リードの流入経路ごとに有効商談の目標件数を設定しているとのことですが、ターゲット企業のセグメント分けも行っていますか？

　はい、ターゲット企業のセグメントはSalesNowのデータを用いて明確に分けています。当社のプロダクトはセールステック（ITを活用し営業活動を効率化するサービス）なので、法人営業をやっている企業はすべてが対象となります。市場が広いのはいいことですが、全体的に広く浅くアプローチするようなやり方だとプロダクトの価値をきちんと伝えることはできません。「マルチバーティカル戦略」ともよんでいますが、プロダクトの価値をきちんと提供できる企業を見極めて、狭く深くアプローチする、それを繰り返す方針を会社として推進しています。

どのセグメントを攻略すべきなのかについては、セグメント戦略定例を定期的に開催して議論しています。定例では候補となるセグメントをいくつか洗い出し、過去の商談内容や受注確度を加味したうえでランクづけをします。また、そのランクづけも定期的にアップデートしています。

Q：ターゲット企業はどれくらいの粒度でセグメント分けされているのでしょうか？

SalesNowのデータを活用してセグメントを細分化しています。たとえば、人材、ITといった単位ではなく、人材のなかでもフリーランスエージェントや人材派遣など展開するサービスごとに50くらいのカテゴリに細かく分けています。同じ業界でも、自社のプロダクトが刺さるポイントは違うので、セグメントはできるだけ細かく分けたうえで、それにあわせてトークスクリプトやメール文面も調整していますね。

あと、ターゲット企業のセグメントは業界単位ではなく、ビジネスモデル単位で分けることのほうが多いです。ビジネスモデルで分けたほうがより細かい粒度で切り分けることができるため、想定される課題やニーズを特定しやすく、よりクリティカルな提案ができるようになるからです。

Q：ターゲットを適切なセグメントに分け、それぞれに最適なアプローチを行うことは理想的ですが、実際は難しい印象があります。それを可能にしている要因は何だと思いますか？

SalesNowの企業データ活用が営業組織に浸透しているからだと思います。たとえば、SalesNowの企業データをフルに活用することで顧客理解を深めています。当たり前ですが、顧客目線に立つためにはその顧客の詳細な情報、状況を知っておかなければならない。SalesNowではそれらのデー

タを瞬時に把握できるため、効果的かつ効率的にアプローチ戦略を立て、実行することができています。

当社のインサイドセールスはSDR、BDR問わず「SalesNowのデータをいかに使いこなせるか」ということをつねに意識していますね。

Q：SalesNowのインサイドセールスならではの取り組みはありますか？

やはり、自社のプロダクトであるSalesNowを活用していることですね。SalesNowには企業の組織図や部署の電話番号のほか、個人の情報も掲載されています。その情報をもとに、ベンチャー企業であればSalesNow上から直接アプローチしたり、大手企業であれば部署単位で電話したりといったように、企業の規模や業種によって柔軟にアプローチ方法を変えています。

また、SalesNowはSalesforceとも連携しており、リードを獲得してSalesforceのデータが更新されれば、自動的にリードのランクづけが行われ、どのくらいフォローすればいいのかが瞬時にわかるようになっています。

インサイドセールス業務に自社プロダクトを活用しているところは、当社独自の特徴であり、強みだと思います。

Q：直近でインサイドセールスの組織体制を変更する予定はありますか？

事業・プロダクトが拡大フェーズに入っており、倍以上の人数に増やしていく予定です。役割としてもSDR・BDR・パートナーセールス・アライアンスなどに分業体制を敷いていきます。事業計画達成のための有効商談創出という目標達成に向けて、KPIを細分化して各自に役割を割り振っていきます。

Q：インサイドセールスのメンバーを採用する際に重視しているポイントは何ですか？

第一に法人営業の経験があるかどうかです。そのうえでSaaSの営業経験があればなおよしという感じですね。

また、同じインサイドセールスでもSDRとBDRでは求められるスキルが違います。SDRであればオペレーション整備が重要になるので、オペレーションの企画をやっていたかどうか、BDRであれば大手の企業とやりとりしてきた経験があるのか、エンタープライズ開拓の適性があるかどうかは見ていますね。

Q：部門間のコミュニケーションを深めるために、取り組んでいることはありますか？

先述したように、当社はビジネスチームとプロダクトチームに分かれていて、インサイドセールスはビジネスチームに属していますが、プロダクトチームとは密に連携をとっています。

われわれ社内のメンバーがSalesNowの一番のヘビーユーザーという側面があるので、自分たちが利用していて気になったところや改善してほしいところ、お客さまからいわれたことは随時プロダクトチームに伝えていますね。

ビジネスチームとプロダクトチームが一堂に会して議論する場も週に1回以上の頻度で設けており、両者の交流は盛んです。

また、ビジネスチームのなかでも、IS定例、フィールドセールスとの商談獲得定例、ビジネスチーム全員が集まるビジネス定例、マーケティング部門とのマーケ定例など、それぞれ定期的に開催しています。

Q：部門をまたいだミーティングは舵取りが難しい印象がありますが、何か工夫されていることなどありますか？

　ミーティングの目的を明確にすることですね。ミーティングの目的といっても、大きく分けると情報共有、ディスカッション、意思決定の3つしかないと思います。今回のミーティングは何を目的に開催しているのか、このミーティングが終わったときにどうなっていたいのかということは明確にしています。

筆者が見たポイント　**顧客を見極めたアプローチの深さ**

　SalesNow のインサイドセールスの活動で特筆すべきなのは「マルチバーティカル戦略」です。成長期のインサイドセールスはあまり対象を絞らずに、不特定多数のリードにアプローチすることが多いですが、同社では自社の製品・サービスの価値を届けられる企業を見極め、狭く深くアプローチすることを重視しています。

　また、自社の企業データを活用することで、同じセグメント内でもフリーランスや人材派遣など、展開するサービスのカテゴリやビジネスモデルごとに細かく分け、個社ごとに異なるニーズを的確に把握し、最適なアプローチを実行しています。

　さらに、定期的にセグメント戦略を見直し、過去の商談内容や受注確度をもとにランクづけをアップデートしているのもすばらしい取り組みです。

　こうしたデータの活用によって、顧客ごとのアプローチが洗練され、成長期以降の拡大期・成熟期にかけても、より効率的な営業活動が可能となるでしょう。

（名生 和史）

株式会社 **hacomono**

拡大期の事例 1

業界特化ゆえの対象顧客の少なさを多彩なアプローチでカバー

概要

　株式会社hacomono（ハコモノ）は、フィットネスクラブやスクールなどに特化した会員管理・予約・決済システム「hacomono」を開発・販売するスタートアップ企業。「ウェルネス産業を、新次元へ。」をミッションに掲げ、2013年の設立から現在（2024年7月時点）まで同サービスの導入店舗数は累計7,000店舗以上にのぼります。

　同社のインサイドセールスの特徴はSDR、BDR、パートナーセールス、新プロダクトの4つのチームで構成されている点です（図8-4）。BDRチームのリーダーである樋口氏に、ここまでチームが増えた経緯や現在注力している取り組みなどについて話を伺いました。

取材協力

マーケティングインサイドセールス本部 インサイドセールス部
樋口 堅太郎氏
新卒で入社した会社では飲食業・美容業向けのPOSシステム・CRMシステムの新規営業に従事。その後営業支援会社を経て、2022年にhacomonoに入社。BDRチームのリーダーを務める。X（旧Twitter）とnoteではインサイドセールスの現場で使えるノウハウを多数発信している。

■ 図8-4　hacomonoの組織図

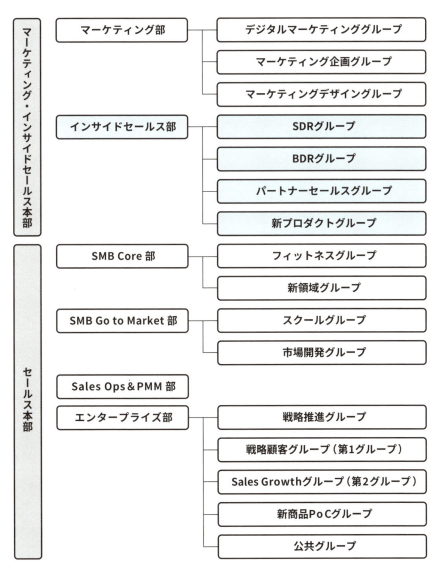

※部署名はインタビュー当時のもの

4つのチームから構成されるインサイドセールス

Q：インサイドセールスチームの現在の体制について教えてください。

　現在インサイドセールスチームにはマネージャーを含めて20名います。当社の営業チームはエンタープライズとSMBに分かれていて、インサイドセールスチームはSMBチーム傘下のマーケティング・インサイドセールス本部に属する形になりますね。

　インサイドセールスの体制としては、まずSDRとBDRの2つがあって、SDRのなかに新規リードに対応するチームとハウスリードに対応するチームがあります。あとはSDRとBDRとは別に、パートナーセールス、新プロダクトの2つがあるので、全部で4つのチームに分かれています。

　メンバー構成はSDR7名、BDR2名、パートナーセールス5名、新プロダクト3名です。それぞれのチームにリーダーがいて、一部兼務しているメンバーもいます。

Q：各チームの役割について教えてください。

　SDRは新規リードや既存リードのナーチャリング、セミナーリードなどの対応です。BDRはターゲットである特定のアカウントに絞って、開拓を進めるチームになります。パートナーセールスはアドバイザー契約を結んでいる企業や個人の方たちから紹介をいただいた企業さまや事業者さまにアプローチするチームです。フィットネス業界に特化した広告代理店やマシンメーカーの方、既存のお客さまからの紹介が多いですね。

　最後の新プロダクトチームは、わかりやすくいうと「カスタマーセールス」ですね。既存のお客さまに対してアップセル・クロスセルの提案を主

導するチームになります。フィールドセールスが新規のお客さま対応に集中できる体制をつくるために発足しました。

Q：インサイドセールスを立ち上げた経緯について教えてください。

　もともと、当社の営業チームはThe Modelのような分業型ではなく、1人の営業がリードにアプローチし、商談して受注するというような一気通貫型でした。それが「hacomono」がPMF（Product Market Fit）したのを機に、かなりのリードが取れるようになってくると、すべてのリードに素早く対応するのが難しくなりました。そこでインサイドセールスを立ち上げることになったのです。

Q：最初に立ち上げたのはどのチームですか？

　SDRですね。SDRを立ち上げてから最初の1年間は新規リードの対応のみをやっていて、1年が経ったあたりで既存リードの掘り起こしを行うチームを立ち上げました。

Q：その次に立ち上げたのはどのチームですか？

　BDRです。SDRに既存リードの掘り起こしを行うチームを立ち上げてから約1年後になります。BDRを立ち上げたのは、単純に当社の営業目標を達成するためにSDRだけでは足りなかったからです。
　あとは以前ほど順調に新規ユーザーが増えない、イノベーター理論でいうところの「キャズム」の時期に差し掛かっていたタイミングでもあったので、それを超えたいというのもありましたね。

Q：パートナーセールスはいつ立ち上げたのですか？

　BDRを立ち上げてから半年くらい経過したタイミングですね。立ち上げた背景としては、これまでとは違った角度から商談をつくりたいというのがありました。というのも、当社はサービスの特性上、かぎられた業界にしかアプローチができないのでリストがそこまで潤沢ではありません。そのリストも架電したからといって必ず電話に出てくれるわけではない。

　しかし、知り合いやすでに付き合いのある企業からの紹介であれば電話に出てもらえる可能性が高いですし、そこに伸びしろを感じたのです。

Q：最後が新プロダクトチームですか？

　はい。2024年の4〜5月にかけて新プロダクトを3つリリースしたのを機に、アップセル・クロスセルを増やすために立ち上げました。2024年6月に発足したので、活動期間はまだ少しです。

Q：今後もインサイドセールスの組織編成は変わる可能性がありますか？

　チーム編成自体を大きく変える予定はいまのところありませんが、BDRとパートナーセールスの人員は増やす予定です。一気に増やすわけではなく、2024年中にそれぞれ1人2人増えればよいかなという感じです。

　あと、2024年下期は運動スクール業界の開拓に注力していますが、運動スクールはダンス、テニス、サッカー、体操のように競技によって細かく分けられます。それらの競技や業態ごとに細かくセグメントを分けて、それぞれの専門チームをつくって開拓していくというような取り組みも今後は考えています。

Q：インサイドセールスにはどのような人材を採用していますか？

インサイドセールスや営業の経験の有無は1つの採用基準ですが、一番はフィットネス業界、ウェルネス業界に対して愛があるかどうかを重要視しています。自分たちの業界のことを自分事として語れる人、そのうえでチャレンジ精神がある人がいいなと思っています。

Q：各チームにはどのようなメンバーをアサインしていますか？

チームによってメンバーの特性が大きく異なるというのは基本的にありません。ただ、BDRチームはいわゆる「営業力」が高いメンバーをアサインしています。ターゲットの顧客に対して、自分から初回の面談を申し込んだり、課題を啓蒙したりすることが求められるので、能動的に動けるタイプが向いているように思います。

Q：各チームのKPIは何に置いていますか？

KPIはチームごとではなく、インサイドセールス部全体で統一していて、現在は「期待MRR」という指標を置いています。期待MRRとは簡単にいうと月間受注額の期待値のことですが、当社では見込み顧客の業種、リードソース、案件種別（新規開業or既存店舗）の3つの要素を掛けあわせて算出しています。目標の期待MRRを達成するために必要な商談数、案件化率もKPIとして設計していますね。

Q：現在インサイドセールスとして注力している取り組みは何ですか？

大きく3つあります。1つ目は売れる領域がある程度特定できるように

なり、ターゲットとなるアカウントも200社ぐらいに絞れているので、とにかくそこを開拓すること。

2つ目は「新市場開発」とよんでいますが、まだ売れていないけれどポテンシャルがある市場を開拓すること。

3つ目は、ここ最近取材やオフラインのイベント経由で商談をつくれるようになってきたので、それを型にしてほかのメンバーやほかの領域、たとえばスクール事業などでも成果を出せるようにしていく取り組みに力を入れています。

Q：これまでにどのような課題があり、またどのように克服されてきましたか？

私が入社したのはインサイドセールスが立ち上がって約1年が経過したタイミングですが、当時はハウスリストをうまく活用できていないという課題がありました。リストの数自体はある程度あったのですが、具体的にどのようにアプローチしていけばよいのかわからないという状況だったのです。最初のうちはとにかく泥臭くアプローチしていきながら、そのなかで確度の高い「いいリスト」を見つけるという作業をやっていました。

あとはセミナーの開催ですね。セミナーの参加者に対してのアプローチでは比較的多くの商談をつくることができていたので、セミナーには力を入れていました。

リストから一定の商談をつくれるようになってからは、アプローチの再現性や商談化率をより高める必要性を感じるようになりました。それまでは少数精鋭で架電スキルが高いメンバーが泥臭くアプローチをすることで成果を上げていたので、今後メンバーが増えても同じように商談をつくるのが難しいことが予想されたからです。

そこで取り組んだのが自分たちが誰に対して、どのようにアプローチし

たら、どれくらいの商談が取れたのかをすべて記録し、可視化することで
す。その結果、商談化率が高いリードの属性やアプローチの方法がわかる
ようになりました。

Q：メンバーが増えていくなかで、マネージャーとしての課題感はありま
　　すか？

「人数が増えてくるとまとまりがなくなる」といったような話も聞きます
が、当社ではいまのところないですね。しいていえば、これまでは私含め
てリーダー・マネージャー陣が率先してガンガン進めていくようなスタイ
ルだったので、もっと現場メンバーからボトムアップで提案や施策を進め
られるような仕組みや文化をつくっていきたいなと思っています。

Q：インサイドセールスの人員を増やすという意思決定は何を基準に行っ
　　ていますか？

　事業計画ですね。事業計画と照らしあわせて必要人員数を算出し、それ
に沿って採用しています。必要となるリード数に対して少し余裕を持って
カバーできるくらいの人員がベストだと考えています。

Q：他部門との連携のために、取り組んでいることはありますか？

　マーケティングチームがクリエイティブで訴求しているメッセージと、
インサイドセールスが架電やメールで打ち出すメッセージに一貫性を持た
せることを意識しています。お互いが発信するメッセージにずれが起きな
いように、インサイドセールスからマーケティングチームへクリエイティ
ブについてのオーダーを出すこともあります。

フィールドセールスとは毎週1回リーダー定例会を実施していて、「○○な商談は受注傾向が高い・低い」など現場のメンバーから上がってくる声を取り上げて、今後の取り組みについてすりあわせを行っています。

Q：インサイドセールスチーム内で特別な取り組みはされていますか？

いまはだいぶ改善が進んだのでやっていないのですが、以前までは週に2回トークスクリプトのブラッシュアップ会を実施していました。実際の現場でトークスクリプトを使ってみて、つまずいたところ、よくなかったところが出てくるので、その改善点についてみんなで意見をぶつけあっていました。また、朝会のときに公開ロープレを実施しています。参加しているメンバー全員からフィードバックしてもらえるので、一対一で行うロープレよりも多角的な視点から、改善点や新しい気づきを発見できます。

Q：インサイドセールスにはどのようなスキルが必要だと思いますか？

一般的に「営業力」といわれるような、コミュニケーションスキルはもちろん、現状を把握して改善するための思考力は重要だと思います。あとは、SFAやCRMに忘れずに入力するみたいな、やるべきことをきちんとやる能力は大事だなと思いますね。

Q：インサイドセールスからフィールドセールス、マーケティング部門に異動することはよくありますか？

当社はインサイドセールスとしてキャリアを築きたいというメンバーが多いので、部署を異動することはあまりありません。地方に住んでいるメンバーもいるので、インサイドセールスのままのほうが働きやすいという

のもあると思います。

Q：インサイドセールスの拡大期でBDRを立ち上げたものの成果が出ない
　　という話をよく聞きます。BDRチームのリーダーとして、普段の活動
　　でとくに意識されていることは何ですか？

　しっかりとアプローチをやりきることが大事だと思います。リストに対
して1度だけアプローチしても成果が出ないのは当然なので、まずはキー
パーソン情報を入手する、次に現状を把握する、事業のあるべき姿を把握
する、問題を特定し課題を訴求するといったステップでアプローチすべき
だと考えています。

　商談機会をつくれるか、つくれないかのような0か100かではなく、ス
テップを1つずつ上っていくようなイメージです。その結果、成果が伸び
悩んだときは会い方を変える、訴求を変えることを意識しています。

　とくに会い方を変えるのは効果的です。単に架電やメールだけで商談を
つくるのではなく、取材やイベント、飲み会のように少し違った角度から
会うことでその後の関係構築がスムーズにいく場合はあります。

Q：hacomonoのインサイドセールスの他社にはない強みは何だと思いま
　　すか？

　強みといえるかはわかりませんが、さまざまな施策を泥臭くやっていこ
うとは日々話しています。ある程度の量をこなすことはインサイドセール
スにとっては必須だと思います。

　あとは「オンライン・オフライン問わず3回以上会う」ことを意識して
いますね。実際に会うのが難しい場合も、FacebookやInstagramでつな
がって、継続的にコンタクトをとっていると、ゆくゆくお仕事を依頼して

もらえることがあります。電話やメール、手紙だけにとどまらないで、いろいろな方法で接点を持つことは大事だと実感します。

筆者が見たポイント **事業計画に基づいた着実な組織構築**

hacomonoのインサイドセールスは、特定の業界で対象顧客が少ないからこそ、オフラインで会う、パートナーを介して接点をつくるなど、さまざまな切り口、施策でコミュニケーションをとっているのが印象的です。とくに特定の業界を対象顧客とするインサイドセールスにとっては非常に参考になるのではないでしょうか。

また、KPIとして設定している「期待MRR」を、見込み顧客の業種、リードソース、案件種別の3つの要素を掛けあわせて算出していることも興味深いポイントです。

最終的な受注見込み金額だけでなく、そこに至るまでの経路ごとに数字を管理することで、マーケティング部門からインサイドセールス、フィールドセールスと全体が連携して施策を進めやすくなります。

インサイドセールスの拡大期は人員を一気に増やすような場合も見受けられますが、同社のように事業計画にもとづいて着実に体制を構築していくのが理想です。

とくに特定の業界を対象顧客とするインサイドセールスでは、ドメイン知識を持つ人材の獲得が必要なため、オペレーションの整備は重要となります。オペレーションが整っていれば、インサイドセールスの経験がなくてもドメイン知識がある人を積極的に採用できます。　　　　　（原口 拓郎）

拡大期の事例2

株式会社 Leaner Technologies

顧客起点で考える
BDRアプローチ術

概要

　株式会社Leaner Technologies（リーナー テクノロジーズ）は、調達・購買部門向けのDXクラウドサービス「リーナーシリーズ」を開発・販売するスタートアップ企業。「調達のスタンダードを刷新し続ける」をミッションに掲げ、製造業を中心に多くのリーディングカンパニーでの導入実績を誇ります。

　2020年に立ち上げられた同社のインサイドセールスチームは、アウトバウンドでのリード獲得 (BDR) 活動を中心に成長を続けてきたのが特徴です (図8-5)。インサイドセールスチームのマネージャーである立野氏に、チーム体制やこれまでの課題、現在の取り組みなどについて話を伺いました。

取材協力

インサイドセールス部 責任者
立野 雄也氏
新卒で大手人材サービス会社に入社し、求人広告の営業や営業組織の戦略企画に従事。リーナーには2021年にセールスメンバーとして入社。現在はインサイドセールスチームのマネージャーを担う。

第8章　8社の事例から探るインサイドセールスの最適解

■ 図8-5　リーナーの組織図

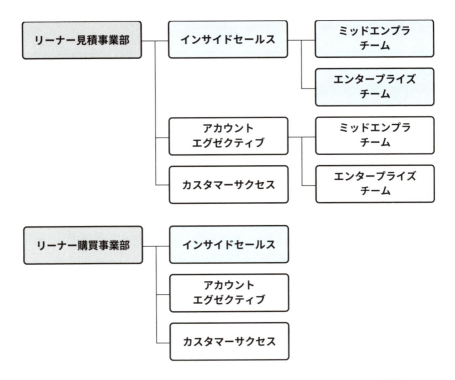

※組織図上にはないが、カスタマーサクセスのなかにもインサイドセールスチームを配置

SDRとBDRで互いに協力しながらインサイドセールスを実行

Q：インサイドセールスチームの現在の体制について教えてください。

　インサイドセールスは現在社員が7名いて、そのうち4名がミッドエンプラチーム、2名がエンタープライズチーム、全体マネージャーとして私がいるという配置になっています。
　社員のほかに数名のパートナーやアシスタントも在籍しており、一部の

業務はBPO会社に委託しています。社員は現在7名ですが、採用も順調に進捗しており、組織拡大も見込んでいます。

現在の体制ではSDRとBDRで明確に組織を分けておらず、お互いに協力しながらリストの対応をしています。

また、当社には主幹事業である「リーナー見積」とは別に、2023年5月に正式ローンチを迎えた「リーナー購買」という事業もあり、私は兼務という形でそちらのマネジメントもしています。

Q：ミッドエンプラとエンタープライズはどのような定義で分けているのでしょうか？

従業員数が300〜2,000名の企業をミッドエンプラ、それ以上の企業をエンタープライズに分類しています。

Q：各チームのKPIを教えてください。

ミッドエンプラチームは有効商談数、エンタープライズチームは商談数を設定しています。エンタープライズチームのKPIを有効商談ではなく、単なる商談に設定しているのは、そもそもの対象顧客が少ないのと、メンバーの2人が顧客の解像度が高いので有効と定義しなくても、受注につながりにくいような商談はとってこないからです。

一方でミッドエンプラは、エンタープライズに比べるとターゲット企業が広く、リードがとりやすいのでフィルターをかける意味で有効商談に設定しています。有効かどうかは、「想定ターゲットに合致するか」「課題がプロダクトの提供価値とマッチするか」の2点で判断しています。

Q：それぞれの目標数値を教えてください。

　ミッドエンプラチームの有効商談数は月間100弱、エンタープライズチームの商談数は月間30〜50ですね。

Q：今後人員が増えるとのことですが、それに伴って目標数値も増やす予定でしょうか？

　いいえ、目標数値自体はそこまで大きく変える予定はありません。それよりも各メンバーのやることを変えて、いままでできていなかったことにチャレンジしたいと考えています。
　たとえば、これまで商談の獲得までを担当していたメンバーにオンラインセールスのような形で初回商談や案件化までを担当してもらったり、カスタマーサクセスのなかにインサイドセールスチームを置いて、そこに人員をあてたりといったことです。

Q：カスタマーサクセスのなかにインサイドセールスチームを置く目的は何ですか？

　アップセル・クロスセルを促進するためです。当社のプロダクトは企業の調達部や購買部向けのものですが、とくにエンタープライズの場合は一気に全社に導入されることは基本的にありません。まずは1つの部門が導入し、そこからほかの部門にも展開されていく形で広がっていくので、そのスピードを早くしていく狙いがあります。

Q：各チームにはどのようなメンバーをアサインしていますか？

　ミッドエンプラチームは一定の「量」をこなすことが求められるので、インサイドセールスの経験はそこまでなくても、行動量があって成果を継続的に出せるメンバーをアサインしています。

　一方のエンタープライズチームはお客さまの数が絞られますし、商談化までのリードタイムが長い傾向にあるので慎重かつ戦略的にアプローチすることが大事です。そのため、営業やインサイドセールスの経験が豊富で、スキルのある成熟したメンバーをアサインしています。

Q：他部門との連携のために、意識されていることはありますか？

　当社の営業組織はもともと自身の役割に固執せず、事業の状況に応じて事業成長に必要とあらば自分たちの業務の枠を超えて協業を推進していくスタイルでした。2024年3月に専任の人材が入社するまではインサイドセールスがマーケティングの役割も担っていました。

　そういった背景もあり、他部門との連携に関しては特別何かを意識しているということはありません。フィールドセールスとも同じセールスチームとして定例を一緒にやっていますし、コミュニケーションは活発にとれているほうだと思います。

Q：フィールドセールスとはどのようなことでコミュニケーションをとることが多いですか？

　商談案件の振り返りですね。たとえば、失注したタイミングでインサイドセールスから失注した理由をフィールドセールスに問うこともあれば、フィールドセールスからはトスアップされた情報についてフィードバック

することもあります。

インサイドセールスとフィールドセールス間で活発に意見を出しあうことができているのは当社の強みかなと思いますね。

Q：インサイドセールスの立ち上げ期、成長期ではどのような課題がありましたか？

初期のころはインバウンドでのリードがなく、どこの展示会に出展したらいいのかもわからないような状況だったので、当社サービスとの親和性が高い企業を探す活動をひたすらやっていました。ネットで情報を集めて、お手紙をお送りして、架電をして、それを繰り返す。「BDR一本足打法」の期間が長く、そこから抜け出せないのが課題でした。

その後、マーケティング活動に投資できるフェーズとなり、展示会の出展やカンファレンスの主催をするようになると、今度はアポイントの総量は増えても、受注に直結する商談が供給できないという課題が出てきました。獲得すべき商談について明確に定義できていなかったことが原因です。

それからインバウンドのリードに関しては有効商談のみを追うようになり、効率的にアプローチできるようになりました。しかし、現在も以前より高い目標を目指しているので、効率や生産性を高めるための試行錯誤は変わらず続けています。

Q：現在注力している取り組みは何ですか？

エンタープライズ企業へのアプローチで、顧問を活用することです。BDRはネットにある情報を頼りにアプローチするだけでは関係を構築するのは難しいので、顧問と面談し、その顧問から企業やご担当者さまを紹

介いただく形でアプローチする取り組みに注力しています。

Q：顧問活用のメリットは何ですか？

「ウェット」なコミュニケーションがとりやすくなることです。インサイドセールスは手紙を送るにしても、架電をするにしてもその相手にあわせてアプローチすることが大事ですが、ネット情報だけだとどうしても一般論に終始してしまう。顧問からはネットに載っていない情報を提供してもらえるので、その情報をもとにアプローチすることで関係構築もスムーズにいきやすいのがメリットです。

Q：顧客へアプローチするにあたって、何か工夫されていることはありますか？

トークスクリプトは担当者のレイヤーやポジションごとに分けてつくっていますね。現場、マネジメント、役員という大きく３つの立場に分けて、それぞれが抱える課題を起点にトークを展開しています。

Q：トークスクリプトはどのようなプロセスで作成していますか？

初期のころはフィールドセールスの商談に必ず同席し、そこで得た情報をスクリプトに落とし込んでいました。また、架電時のトーク内容は録音し、スクリプトの改善にいかしています。

Q：フィールドセールスへ商談をトスアップする際に気をつけていること
　はありますか？

　事実と解釈は分けるようにしています。そこを混同してしまうと、
フィールドセールスが「聞いていた話と違う」ということになりかねない
からです。お客さまが発言されたことが事実、それを受けて読み解いたこ
とが解釈、この2つは明確に分けるように徹底しています。
　ほかには、全件ではありませんが、商談のゴールを設定してからトス
アップすることもあります。お客さまの温度感によって適切なゴールは違
うので、そこはできるだけインサイドセールス側でコントロールしたいと
考えています。

Q：商談をトスアップする条件は定期的に見直されていますか？

　クォーターごとに見直し、トスアップの条件と受注傾向にずれがないか
を点検しています。とくに有効商談ではないと思っていた案件からの受注
が増えたときは、有効商談の定義そのものを見直しますね。

Q：マネージャーの立場として、メンバーの育成に関する課題感はありま
　すか？

　いまのところありません。モチベーションの高い優秀なメンバーを採用
できているのが大きいかなと思います。

Q：メンバーを採用する際にとくに重視されるポイントはありますか？

　カルチャーですね。スキルを育てることはできても、カルチャーを育て

ることはできません。お客さまと事業成長を第一に考えることができるかどうかは非常に重要なポイントです。

Q：インサイドセールスとしてキャリアを築いていくうえで重要なことは何だと思いますか？

インサイドセールスだけでなく、マーケティングやフィールドセールス、カスタマーサクセスの業務を経験することは重要だと考えています。

インサイドセールスとして大事なのはお客さまに向きあい、お客さまの声を拾いながら、よりよい提案をすることです。マーケティングやフィールドセールス、カスタマーサクセスの業務を経験することで、より広い視野でお客さまを見ることができるし、お客さまの解像度を上げることにもつながると思います。

Q：インサイドセールスが成果を出すために大事なことは何だと思いますか？

属人的な要素もありますが、「やりきる」というマインドセットは非常に重要だと考えています。インサイドセールスは単調な業務が多く、とくにエンタープライズ企業を対象とする場合、受注までに1年から2年かかることも珍しくありません。

そのため、根気強く継続的なアプローチを続けることが成果に直結します。行動量を高い水準で維持し続けるためには、「やりきる」という姿勢が不可欠だと思っています。

あと、インサイドセールスが重要なポジションであることを認識することも大事です。インサイドセールスが目標を達成できないと、フィールドセールスやカスタマーサクセスも目標を達成できず、ひいては事業が継続

できなくなる可能性もあります。インサイドセールスはそれだけ責任のあるポジションです。

インサイドセールスはいまやっている業務が会社や事業にどれだけ大きな影響を与えているのかを意識するだけでも成果は大きく変わってくると思いますね。

筆者が見たポイント
カスタマーサクセスのなかに インサイドセールスを配置

Leaner Technologies のインサイドセールスは、組織をミッドエンタープライズとエンタープライズの2つに分けて開拓を進めています。拡大期までくると、顧客の解像度もかなり高まっているはずなので、同社のように、顧客の特性に応じて組織体制やアプローチ方法を柔軟に組み替えていく動きが必要になってきます。

また、カスタマーサクセス部門にインサイドセールスを配置していることも特筆すべきポイントです。アップセル・クロスセルを促進するために既存顧客向けの専門チームをつくる企業は最近増えています。インサイドセールスのなかにカスタマーサクセスチームをつくる場合もあれば、同社のようにカスタマーサクセスのなかにインサイドセールスチームをつくる場合もあります。

拡大期以降は、一般的なインサイドセールスの動きにとらわれず、事業拡大にあわせた組織体制や顧客へのアプローチ方法を試していくことも重要になるでしょう。 (名生 和史)

成熟期の事例 1

メール・電話に頼らない「テックタッチ」での商談獲得に注力

株式会社 IVRy

概要

　株式会社IVRy（アイブリー）は「最高の技術を、すべての企業に届ける」をミッションに、AIを活用した電話自動応答機能等を提供する対話型音声AI SaaS「IVRy」を開発・運営するスタートアップ企業。2020年のサービスリリースから着実に導入社数を増やし、2024年6月末時点での累計発行アカウント数は1万5,000件を超えています。

　同社のインサイドセールスの特徴は、直近（取材時点）の1年強という短い期間に人員を1名→10名へと急拡大させていることです。その背景には、採用プロセスおよび業務オペレーションの整備があるといいます。インサイドセールスマネージャーの工藤氏と森本氏に、拡大期に至るまでの取り組みや独自のアプローチについて話を伺いました。

　なお同社では、業務上の目的ごとにさまざまな職能のメンバーが集まる「プロジェクト制」を導入しているため、一般的な組織図はありません。

取材協力

インサイドセールスセールスマネージャー
工藤 慧亮氏
大手金融機関のコンサルティング営業からキャリアをスタート。freee株式会社にてインサイドセールスを中心にSaaSの世界にジョイン。株式会社SmartHRにて1人目のインサイドセールスとして組織の立ち上げ、その後Sales Opsの立ち上げを推進し、セールスチーム全体の組織開発（オペレーション・イネーブルメント・企画）に従事。IVRyではインサイドセールスの組織を管掌、現在はセールス全体の採用を担当。個人では10develops代表としてセールス・ISの仕組み化・Ops強化の支援に従事。

SMBプロジェクト　インサイドセールスマネージャー
森本 聖士氏
株式会社ブルボンで沖縄エリアの小売店やバイヤーに対するルート営業を担当。その後、株式会社ラクスに転職。「配配メール」のフィールドセールスやチームマネジメン

ト、部門横断のプロジェクト運営に従事。IVRyには2023年8月に3人目のインサイドセールスとして入社。現在はSMB領域のインサイドセールスマネージャーに従事している。

プロジェクト制を導入したインサイドセールス体制

Q：インサイドセールスの現在の体制について教えてください。

　正社員として在籍しているのは総勢約10名です。前提として、当社の組織はプロジェクト制を導入しています。SMB向けのアプローチを行う「SMBプロジェクト」やMID/Enterpriseを担当する「MID/Enterpriseプロジェクト」のように、業務上のさまざまな目的ごとにプロジェクトを組成し、異なる職能を持ったメンバーが集結して働く文化があります。

　職能ごとに「サークル」という集合体はあるものの、インサイドセールス部やセールス部、マーケティング部といった職能に特化した部署は存在していません。

　インサイドセールスの担当者は2024年8月現在、SMB、MID/Enterprise、マーケティングという3つのプロジェクトに所属しています。メンバーの内訳はSMBプロジェクトに6名、MID/Enterpriseプロジェクトに4名です。SMBプロジェクトに所属しているメンバー1名は、マーケティングプロジェクトも兼務しています。

　また、一部の業務は代行会社に委託していますが、社内のメンバーは正社員のみで構成しています。2024年内にはSMBチーム15名、MID/Enterpriseチーム10名程度の総勢25名在籍するくらいの規模にまでチームを拡大する予定ですが、それもすべて正社員での採用を考えています。

Q：各プロジェクトには、どのようなメンバーをアサインしていますか？

　当社は、一般的なSaaS企業と比べて1人当たりが担当するリードが3〜5倍ほど多い傾向にあります。とくにSMBプロジェクトはその傾向が顕著です。そのため、各リードチャネルに対して、高い商談化率を維持しながら継続して成果を上げ続けることが求められます。

　野球でたとえればシーズンを通じて高い打率でヒットを打ち続けられること、PDCAを素早く回し続けられることを重要視しており、そのような経験や思考性を持ちあわせたメンバーを採用・アサインしています。

　一方MID/Enterpriseプロジェクトは、個人店舗や小規模企業がターゲットとなるSMBプロジェクトとは異なり、多くの店舗や事業所を抱える企業がターゲットです。そのため、店舗や事業所ごとにニーズ、課題を拾い集めたうえで、最適な戦略・戦術を考えて実行することが求められます。

　インバウンドリードへの対応だけでなく、自ら顧客に対して架電や手紙を用いてアプローチするようなBDR的な動きも必要であり、施策が多岐にわたります。そのため市場を開拓することにやりがいを見いだし、手段にとらわれずに柔軟な発想を持って行動できる人をアサインしています。

Q：新たなメンバーを採用する際はどのような点を重視されていますか？

　経験やスキルはもちろん大事な要素ですが、より重視していることは、IVRyが実現したい世界やバリューをともに実現したいという想いがあるかどうかです。インサイドセールスはあくまでも事業達成のための手段であり、役割です。所属するプロジェクトによって活動内容も異なるため、特定のスキルや経験よりも、目標達成のために主体的に行動できるかどうかが重要だと考えています。

Q：インサイドセールスの経験がない人の場合、どのような点を判断軸と
　されていますか？

　先述したように、当社のSMBプロジェクトであれば、日々の業務のなか
で高い打率でヒットをコツコツ打ち続けることが重要であるため、そのよう
な経験や思考性があるかどうかは判断軸の1つです。また、インサイド
セールスは顧客対応業務がメインなので、飲食業界でもアパレル業界でも
接客経験が豊富な人は向いている可能性が高いと思います。

　基本的にインサイドセールスは経験者を採用するのは難しいと考えてい
ます。インサイドセールスを辞める人のうち、新たに別の会社のインサイ
ドセールスとして勤務する人は全体の20％程度だというデータもありま
す。

　そのため、インサイドセールスの組織を拡大していくためには、未経験
者の採用は必要不可欠です。インサイドセールスの募集要項、アプローチ
方法とその対象は頻繁にアップデートしながら採用活動を進めています。

Q：インサイドセールスの立ち上げから現在に至るまでの体制の編成と、
　当時の課題を教えてください。

　インサイドセールスを立ち上げたのが2022年で、そこから約1年間は専
任の担当者が1名のみで運用していました。人数の推移としては、2023年
の第2四半期まで担当者が1名だったのが、その後四半期ごとに4名、6名、
9名と増えていき、現在の10名体制になりました。

　立ち上げ期からメンバーが4名になった「成長期」における課題は、と
にかく人手が足りておらず、並行して仕組み化・オペレーション改善をし
続ける必要があったことに尽きます。

　ピーク時には担当者1人が現在の数倍の件数の電話をかけていました。

仕組みが整っておらず再現性も低い状況のなかで、とにかく気合いで行動量を増やしていましたね。

Q：拡大期に差し掛かっている現在、インサイドセールスのKPIは何に置かれていますか？

KPIは立ち上げ期から一貫して商談獲得数に置いています。

当社ではマーケティング活動によって獲得したリードのうち、受注率が20％以上のチャネルから獲得したリードをMQL（Marketing Qualified Lead：マーケティング活動によって得られた確度の高いリード）と定義しています。商談はこのMQLのなかから創出することを前提としているため、一定の受注率（商談の質）を担保できています。KPIを商談獲得数というシンプルな指標に設定できているのはそのためです。

インサイドセールスを立ち上げた当時はMQLとMAL（Marketing Accepted Lead：マーケティング活動で得られたリードのうち、リードナーチャリングの対象とするリード）をきちんと区別できていませんでした。リード数が増えていくなかでマーケティング、フィールドセールスと一緒にMQLを再定義しました。

Q：マーケティングやフィールドセールスとはどのように連携をとっているのでしょうか？

普段から自然にコミュニケーションをとっていますね。その点に関しては、プロジェクト制という当社のユニークな組織体制が大きく影響していると思います。

一般的な組織体制のようにマーケティング、インサイドセールス、フィールドセールスといった職能ごとにきちんと区切られている形態だと、自部署を優先して他部署に対しては非協力的になるような「セクショ

ナリズム」が働き、お互いに本音をいえないような場合も出てくる可能性
があります。

　その点、当社は1つのプロジェクトのなかにインサイドセールスやマー
ケティングのメンバーが所属しているため、職能ごとの境界線がいい意味
で曖昧です。相互が忌憚なくフィードバックしあうことができています。

　とくにマーケティングチームは実施した施策に対して、積極的にインサ
イドセールスに意見を求めてくれます。定例会議の場を設けて、遠慮なく
ビシビシとフィードバックしていますね。

　マーケティングチームとは協業で、さまざまな施策に取り組んでいま
す。先述したように受注率が20%以上のチャネルから獲得したリードを
MQLと定義している以上、このクライテリア（評価基準）に対して協力せざ
るを得ない「一蓮托生」のよい関係が築けています。

Q：マーケティングチームとの協業では、どのような施策を行っていますか？

　代表的なのは、人を介さない「テックタッチ＝インサイドセールスとし
て1コールも1メールもしない」のみで商談を獲得する施策です。LPO（ラ
ンディングページの最適化）やメールマーケティングといったテックタッチ施
策をインサイドセールスとマーケティングチームが連携しながら強化して
います。

　HubSpotをどのように活用すれば効果を最大限に発揮できるか、Web
ページの顧客体験はどのように改善していくべきなのかなどを話しあいな
がら施策を進めていますね。現在当社の商談数の約10%以上がテックタッ
チによって獲得できています。

Q：業務オペレーションを構築するうえでどのような点を意識されていますか？

いまの事業フェーズにおける最適解をつねに考えることを大前提に、いつでも再検討できる粒度でオペレーションを構築することを意識しています。オペレーションをガチガチに構築してしまうと、変更が必要になったときに柔軟に対応できず、生産性が低下してしまう可能性があるからです。

とくにインサイドセールスにおける状況の変化は目まぐるしく、「今週決めたことが来週には変わっている」なんてことも珍しくありません。そのため、急な変化にも即座に対応できるようにしておくことは意識していました。

一方で、確固たるオペレーションを構築する業務もあります。それは現時点できちんと決めておかないとあとからでは取り返しがつかなくなるようなリスクが想定される業務です。

たとえば、次のようなことは拡大期に入るまでに解決しておく必要があると考え、ルール化していました。

- 受注および失注理由を定性・定量的に蓄積し、改善活動に活用しているか
- 新卒および中途入社者の立ち上がり状態が明確になっているか
- 新卒および中途入社者はトレーニングを経て、規定の期間内に売上目標を達成しているか
- ツールの活用方法をはじめ、自社の営業手法に関する包括的なトレーニング・マニュアルがつくられているか
- SFAおよびCRMを用いたレポート・ダッシュボードを組織の80%のメンバーが作成できるか

● 商談獲得・受注までの一定の勝ち筋が明確化されたプレイブックが用意されているか

　また、1度オペレーションをつくってしまえば、それ以降は直接指導する必要がない業務もあります。そのような業務に関しては、1回目でドキュメント化するようにしています。

　たとえば、セールスフォースを更新する際のルールだったり、Slackでリード対応をする際の手順だったりはすべてドキュメントに落とし込んでいます。新しいメンバーが入ってきてもドキュメントを確認するだけで業務の内容が把握できるようになっていますね。

Q：今後のインサイドセールスにおける展望を教えてください。

　テックタッチによる商談獲得を現状の1.5～2倍にしたいと考えています。IVRyというプロダクトは「売り手都合の営業電話を減らす」という用途で活用いただく場合が多く、いわば「インサイドセールス殺し」の側面を持っています。

　だからこそ、私たち自身も電話に頼らないで商談を創出する仕組みや効率的なアプローチ方法を確立していきたいという想いがあります。先述したメールマーケティングやLPOに注力しているのもその一環です。

　電話業務に関しても、必ずしも人が対応しなくてもいいものはできるだけ自動化、効率化していきたいと考えています。たとえば、未接触リードに対する2、3回目の電話は自動コールにしたり、複数のリードに同時発信してコネクトしたリードにだけアプローチしたりといった施策に現在トライしています。

　一斉に営業電話をかけるような労働集約型のインサイドセールスからは脱却し、当社およびIVRyを利用する企業さまが、より生産的で、より先進

的な取り組みができるようにチャレンジしていきたいなと思います。

筆者が見たポイント

洗練されたオンボーディングが
未経験者の育成をサポート

　未経験者でも高いパフォーマンスを発揮できる仕組み、オンボーディング体制があるのがIVRyの強みです。

　経験者の採用が難しいインサイドセールスでは、未経験者の育成体制の構築が欠かせませんが、決して容易ではありません。前職でインサイドセールスの立ち上げ、オペレーション経験を積んだ工藤氏の手腕の高さが伺えます。

　また、チームをThe Model型ではなく、プロジェクトごとに分けているのは同社の特異なポイントです。The Modelは営業効率の向上を図るための組織モデルではあるものの、各部門がそれぞれの目標達成だけに専心してしまい、他部門との間に歪みが生まれてしまう場合もあります。

　たとえばインサイドセールスが商談数を増やしても、部門間での連携がとれていないために、受注や事業成長につながっていないことはよく見受けられます。同社のようにプロジェクト横断的に職種をまたいだチームを形成することも、部門間連携を強化するための有効な手段の1つといえるでしょう。

（原 秀一）

株式会社コンカー

成 熟 期 の 事 例 2

自社カルチャーを組織に浸透させることで属人化を解消

概要

　株式会社コンカーは、出張・経費管理、請求書管理クラウドサービスなどを提供するグローバル企業。利用ユーザーは全世界で約9,300万人、日本での採用企業グループ数は累計で約1,830企業グループにのぼります。

　同社では、数十名のインサイドセールスが新規の顧客開拓や既存顧客のナーチャリングに取り組んでいます（図8-6）。新規顧客の開拓を担当するチームMDRの部長である櫻井氏に、成熟期のチーム体制や課題、他部門との連携、部門内でのフィードバックなどについて話を伺いました。

取材協力

マーケティング本部 MDR（マーケットディベロップメント）部 部長
櫻井 由香氏
ITセキュリティー会社のセキュリティエンジニア、外資系企業の営業職などを経て、2015年にコンカーに入社。インサイドセールスとして大企業の顧客を中心に担当し、2020年からインサイドセールス全体を統括する管理職を務める。

■ 図8-6　コンカーのマーケティング・インサイドセールス・営業の組織図

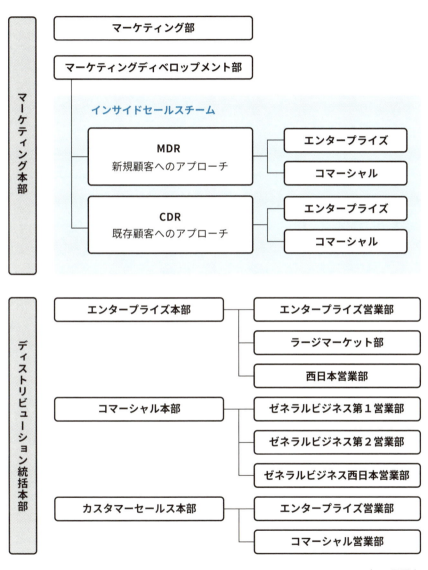

※ 2024年10月現在

マーケティング本部内にインサイドセールスを据える

Q：インサイドセールスの立ち上げ期から成長期は、どのような体制でし
　たか？

　当時は事業としてエンタープライズ企業に注力していたため、数名のメ
ンバーで電話でのアウトバウンドを中心に行っていました。

　このときはチームの規模が小さかったこともあり、特定のツールは導入
していません。各社の役員の方にアプローチするため、電話がつながりや
すい早朝に電話をかけるなど、各自工夫して進めていました。

　事業の成長期は、インサイドセールスも目標を達成して当たり前のよう
な雰囲気がありました。アポイントを取れたら、案件化するスピードも早
かったですね。質はあまり意識しなくても案件化できていました。

　ただ、事業がうまくいっているからといって、自分たちのやり方が最適
かどうかはわかりません。そこで怠慢になってはいけないなというのは、
振り返って改めて思うことです。

Q：成熟期の現在、インサイドセールスはどのような体制で取り組んでい
　ますか？

　マーケティング本部内に、インサイドセールスの部門があります。イン
サイドセールスは、新規顧客を担当するMDRと既存顧客を担当するCDR
の2つの部に分かれており、MDRは数十名、CDRは数名です。

　さらに、MDRのなかで企業規模別にエンタープライズ、コマーシャルと
2つのチームをつくり、細やかな顧客アプローチを実現しています。

Q：各チームにはどのようなメンバーをアサインしていますか？

　MDRでは新卒のメンバーや年次が浅いメンバーはコマーシャル（小規模〜中規模の企業）を担当し、経験を積んだのちにエンタープライズを担当するパターンが多いです。ただ、私がコンカーに入社し、はじめてインサイドセールス職に就いたときは、会社の方針に沿って最初からエンタープライズを担当しました。事業の状況にあわせて、柔軟にアサインすることが重要だと思います。

Q：MDRのKPIは何に置いていますか？

　KPIは、有効商談数・有効商談金額・活動量に置いています。有効商談数というのは、新規のアポイントを行い、フィールドセールス側が引き続きアプローチしようと判断した商談を指します。
　予算から逆算して設定するため、年々求められる数字は上がっており、インサイドセールスとしてのKPIと、フィールドセールス一人ひとりが求める商談の量や質。このバランスをどのようにとっていくかは、つねに考え続ける必要があると考えています。

Q：インサイドセールスからフィールドセールスへ、トスアップする条件はきっちり決めていますか。

　エンタープライズの場合、アカウントがかぎられているので、フィールドセールスは網羅的にいろいろな部署からアプローチしたいと考えています。部長職以上といった基準はありますが、「お会いできるならお会いしたい」というフィールドセールスの意向に沿ってトスアップしています。コマーシャルの場合、アカウント数がたくさんあるので、BANT情報をきち

んと聞けているか、競合が入っていないか、課題感はあるのか、などをインサイドセールスがヒアリングできたらトスアップするようにしています。

Q：どのようなツールを活用していますか。

スピーダを活用しています。企業情報のリサーチにかかる時間を大幅に削減し、より多くの顧客にアプローチできるようになりました。

Q：これまでの取り組みで、やっておいてよかったことは何ですか？

営業同行はやっておいてよかったと思います。営業プロセスを知ることができますし、担当者とも仲よくなれる。いろいろなトークの引き出しを学べました。

Q：組織の規模が大きくなることで、課題に変化はありましたか？

小さなチームのときでも「属人化」は課題の1つでしたが、規模が大きくなればなるほど目立ってきてしまうと感じています。そこで、部門内にセールスイネーブルメント担当を置き、業務やスキルの標準化に取り組んでいます。

Q：マネジメントする立場としての課題も、組織の規模によって変わってきますか？

マネージャーが複数いるので、方向性を一致させていないと現場が混乱してしまうことはあると思います。さまざまな議題があり、必ずしも考え方が一致するとはかぎりませんが、もし方向性が違うことがあったら、

ゴールである「MDRのためになっているのか？」という視点に立ち戻ろうと話をしています。

Q：セールスイネーブルメント担当はどんなことをしているのでしょうか？

インサイドセールスと兼務で、年間を通した研修を設計しています。たとえば先日の合宿では、メンバー全員で「今後のインサイドセールスに必要なスキル」というテーマで意見を出しあい、自分たちに足りないものを考え、優先順位をつけて、行動プランを作成しました。そのような研修を行い、メンバーからのアンケートをもとに進め方を改善するのが、セールスイネーブルメントの役割です。

お互いに高めあう文化があるので、研修の講師はメンバーのなかからお願いすることもあります。分析力が高い、パフォーマンスが高いなど、各自の強みをいかして、みんなにノウハウを共有してもらっています。

Q：研修を実施して、実際にスキルが身についているかどうかは、どのように判断していますか？

ロープレを実施しています。たとえば、電話でアプローチする際に導入からクロージングまでをやってもらい、マネージャーが評価表にチェックをつけて一緒に振り返ります。「次回の面談につなげるために、こういう提案をしたほうがいい」「こういう要素を加えよう」など、複数のマネージャーが確認し、できるだけスキルの標準化を目指す動きをしています。

Q：部門間のコミュニケーションを深めるために、取り組んでいることは
　ありますか？

　インサイドセールスとフィールドセールスのバディ制を導入していま
す。フィールドセールス数名に対し、1名のインサイドセールスが担当と
なり、毎週行われる定例会議に参加したり、週に1回の1on1を行ったりす
る仕組みです。ここでポテンシャルがありそうなアカウントについて議論
したり、進んでいる案件を把握したりすることで、お互いの目線をそろえ
ることができます。インサイドセールスからすると、アプローチ先の計画
も立てやすくなります。

　また、定例会議や1on1以外にも、チャットツールを使って、いつでもコ
ミュニケーションをとれる状態をつくっています。フィールドセールスか
らは、感謝の声やよいフィードバックをもらえることも多いです。

Q：会社全体でフィードバックの文化が根づいていると伺いました。インサ
　イドセールス部門内ではどのようなフィードバックをしていますか。

　四半期に1回、チーム内で1番よいフィードバックをした人を投票で選
び、MVF（Most Valuable Feedback）として表彰しています。数字を達成すると
全社員の前で表彰されることはありますが、フィードバックという形で貢
献したことも、きちんと認めてもらえると嬉しいですよね。「もっとフィー
ドバックをしよう」という気持ちになりますし、モチベーション向上にも
つながっています。また、月に1度「フィードバック週間」を設けており、
ポジティブな点と改善点をメンバー間で共有するようにしています。思っ
ているだけでは伝わらないので、言葉にして伝えることが重要です。

Q：メンバーの評価はどのように行っていますか？

　KPIの達成率、年始に自分で立てた目標を達成できたか、の2点で評価を行っています。

Q：採用における課題はありますか。

　新卒のメンバーも増えていますが、社会人経験がない学生を、どのような観点で見極めればいいのかは難しさを感じています。中途採用の方は、前職の成功パターンを引きずってしまうと、立ち上がりがスムーズにいかないことがあります。自分のやり方に固執せず、柔軟に受け入れてもらえると立ち上がりがスムーズですね。面接では、過去のつらかった経験やマイナスの経験などのエピソードを聞き、そこからどういうふうにとらえ、学びに変えているのかを聞くようにしています。

Q：インサイドセールスとして長くキャリアを積んでもらうために、会社としてどのような取り組みができると思いますか？

　インサイドセールスの業務は、目先のKPIばかりを見てしまうと、ルーティン化し、やりがいを見失ってしまうときがあると思います。ですから、マネジメントする立場としては、できるだけ「何のためにやっているのか」「会社にどう貢献しているのか」を伝えるようにしています。

　また、メンバーにはリーダー的な役割を担ってもらう、セールスイネーブルメントに携わってもらうなど、自分の達成だけでなく、周囲に好影響をもたらす動きをしてもらいたいと思っています。そのためにも、可能であれば給料にしっかりと反映させていくのがよいと思います。

Q：日本ではインサイドセールスを「若手の登竜門」的にとらえている会社も多いようです。米国本社のインサイドセールスとの違いはありますか？

　米国では、アウトバウンドのインサイドセールスは年配の人も多いです。長年インサイドセールスでキャリアを磨き、「エグゼクティブのアポイントは、その人じゃないと取れないよね」といわれるような、エキスパートがいるんです。日本では若手の登竜門としてイメージされがちですが、インサイドセールスのスキルを磨き続けることで、「この人が無理なら、無理だろう」といわれるような境地までいける。こういった事例は、日本でインサイドセールスに取り組むわれわれにとっても、励みになります。

筆者が見たポイント　**表彰制度やバディ制が企業文化の体現に寄与**

　コンカーのインサイドセールスは、表彰制度やフィールドセールスとのバディ制を導入することで、同社の根底にある「お互いを高め合う文化」を体現しています。自社のカルチャーが組織全体に浸透しているため、多くのメンバーや複数のチームで構成されていたとしても、活動の方向性や目的意識が個人やチーム単位でぶれることはありません。成熟期における理想型の1つといえるでしょう。

　フィールドセールスとのバディ制は、バディとなるフィールドセールスのスキルや得意な案件を把握しやすくなるため、最適な商談をトスアップしやすくなります。また、成熟期になるとメンバーの増減も激しくなるため、新しく入ったメンバーの育成、オンボーディングに多くのリソースをとられてしまいます。同社のように、セールスイネーブルメント部門を設置することを検討してもよいでしょう。

（原口 拓郎）

成熟期の事例 3

株式会社SmartHR

120名超のメンバーが機能する
理想のチーム編成をつねに追求

概要

　株式会社SmartHR（スマートエイチアール）は、人事・労務管理の業務効率化や人事データを活用したタレントマネジメント SaaS「SmartHR」を提供する企業です。2024年3月には、サービス開始から9年目でARR150億円を突破したことを発表。右肩上がりの成長を続けています。

　SmartHRでは、2024年1月に大きな組織変更を行いました。サービス立ち上げから2023年末までは、インサイドセールスはインサイドセールス部門、フィールドセールスはフィールドセールス部門と、職能によって部門が分かれていましたが、顧客の規模別に組織を変更（図8-7）。従業員数が501名以上の顧客はエンタープライズ事業本部、従業員数が500名までの顧客はグロースマーケット事業本部が担当しています。エンタープライズ事業本部のインサイドセールスは正社員約50名、グロースマーケット事業本部のインサイドセールスは正社員約70名で、BPOも50名を超える大規模チーム（図8-8）。マーケティング機能は、ブランディング統括本部が担っています。

　エンタープライズ事業本部とグロースマーケット事業本部それぞれのインサイドセールス責任者である大谷氏、伊藤氏に、成熟期のチーム体制や課題、他部門との連携などについて話を伺いました。

取材協力

エンタープライズ事業本部 インサイドセールス本部 ダイレクター
大谷 優一氏
システムインテグレータやアプリ開発会社の営業を経て、2017年にSmartHRへ入社。フィールドセールスを中心に同社セールス組織の構築、マネジメントを経て、2023年

1月にインサイドセールスグループへ異動。2024年1月より、エンタープライズ事業本部インサイドセールス本部のディレクターに就任。

グロースマーケット事業本部 インサイドセールス本部 ディレクター
伊藤 浩介氏
ECサイト運営会社で営業組織のマネジメントを経験した後、2021年にSmartHRへ入社。インサイドセールスのチーフ・マネージャーを経て、2024年1月より、グロースマーケット事業本部インサイドセールス本部のディレクターに就任。

■ 図8-7　SmartHRのマーケティング・インサイドセールス・営業の組織図

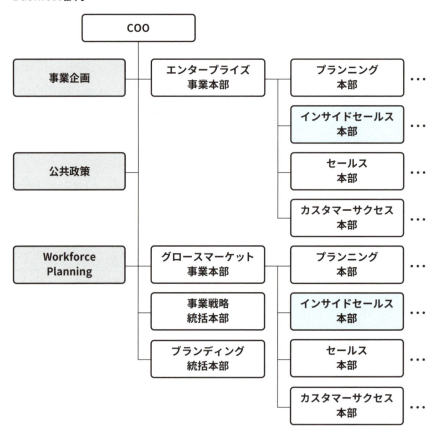

■ 図8-8　SmartHRのインサイドセールス内の組織図

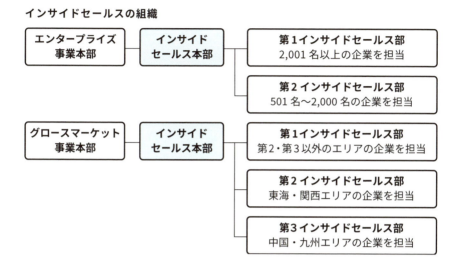

エンタープライズは従業員規模別に2チーム制を採用

Q：エンタープライズ事業本部のインサイドセールスは、さらにチームが細分化されているのでしょうか？

エンタープライズ事業本部内は、第1インサイドセールス部、第2インサイドセールス部に分かれています。

第1は4つのユニットがあり、24年7月に新たに従業員数10,000人以上の顧客を担当するハイエンプラのユニットを立ち上げ、5つになりました。それぞれ、フィールドセールスのユニットに紐づいています。

第2はこれまで東京、名阪、九州中国の地域区分があり、それぞれSDRかBDRに分かれていましたが、こちらも24年7月の変更で、地域ごとの区

分を廃止しました。予算の調整や人員の割り振りが難しかったからです。

インサイドセールスの目標は、フィールドセールスの目標から逆算してつくっています。しかし、たとえば地域のフィールドセールスが採用によって4人から5人に増えたとしても、その地域で商談数をいきなり20％増やすというのは難しいですよね。

インサイドセールスもすぐに増員できるわけではないですし、地域によって企業数も違うからです。じゃあフィールドセールスの目標を下げるかというと、それも違う。地域ごとの分け方だと、そうした人員や予算の調整が難しかったですね。

また、第2にはBPOユニットがあり、BPOの方のマネジメントやBPO側のユニットリーダーとスムーズにコミュニケーションができるようにしています。

Q：BPOを入れる際は、どのような視点で選んでいますか？

会社としての実績はもちろん見ていますが、リーダーの方が優秀かどうかを重視しています。リーダーの方とやりとりをすることが多いので、PDCAを回す力が高いか、勘所の理解みたいなところができるかなどは会話のなかで見ています。

Q：現在の組織になり、どのような変化がありましたか？

これまでインサイドセールスはインサイドセールス内で、フィールドセールスはフィールドセールス内でメンバーの距離はとても近かったんですが、部門間の距離は少し遠いと感じていました。

しかし、いまは同じ部署で隣あわせにインサイドセールスとフィールドセールスがいるので、コミュニケーション量は明らかに増えました。

Q：成熟期のインサイドセールスは、どのような組織が最適だと思いますか？

　正解はなく、企業の状況に応じて、最適な組織をつくっていく必要があると思います。SmartHRの場合は会社として1,000名ほどになるまでは、職能別で部門を区切っていました。いわゆるThe Model型です。しかし、組織が大きくなるにつれて、部門間の連携がうまくいかなかったり、意思決定が遅くなってしまったりという課題が発生したんですよね。そこで、現在の形に変更しました。

　実際、エンタープライズ事業本部のなかにインサイドセールスとフィールドセールスがいることで、とてもやりやすくなったと感じています。

　逆に開発やマーケティングからすると、コミュニケーションの経路が変わり、やりにくくなった部分もあるかもしれません。全体のメリットデメリットを天秤にかけたうえで、判断していく必要がありますね。

Q：立ち上げ〜成長期まで、業務上の課題に変化はありましたか？

　エンタープライズでは、立ち上げ初期は商談数にKPIを置いていましたが、成長プロセスを経て商談金額やフェーズが一定まで進捗した商談数などへと変わってきました。初期の問い合わせが多いころは、温度感の高いリードを商談化していけば、受注率は一定担保できていました。

　しかし、BDRや休眠顧客の掘り起こしなど、活動が広がってくるにつれて、受注率は下がっていくんですよね。そういうタイミングで、質を求める議論になってきます。

　KPIを商談数から変える一番わかりやすいシグナルは、フィールドセールス側から文句が出てくること。「こんな商談ばかり出さないでほしい」みたいな声が出はじめたら、質を意識しはじめる時期なんだと思います。

また、インサイドセールスの活動期間が長くなればなるほど、ホットな顧客は少なくなっていきます。ですから、ホットじゃない顧客にどうやって興味を持っていただくのか、「振り向かせ方」に焦点が移ってきます。これによって、インサイドセールスに求められるスキルも変わってくると感じています。組織の体力がついてきて、初期フェーズでは電話が中心だったところから、メールやオフラインの手紙、イベントなど社内でいろいろと企画に手を広げられるようにもなります。

　そのためには、マーケティングとどう連携し、活用していくかなどを議論する必要も出てきます。商談を獲得するための、総合力が必要になってきた感じですね。

Q：エンタープライズ向けのインサイドセールスには、どのような人をアサインしていますか？

　フィールドセールス的な感覚を持った人がいいと思っています。エンタープライズの場合、リスト数は多くないので、1社1社に地道にアプローチしていく必要があります。「リードはこの部署の人だけど、実際に商談をするのは違う部署の人だから、どうやって攻略していくのがいいだろうか」など、企業攻略の視点で考えていける人がいいですね。

　当初は法人営業の経験がある人がいいと考えていたのですが、最近ではSmartHRのエンタープライズインサイドセールスに必ずしも必須要件ではないこともわかってきました。

　転職市場でいうと、エンタープライズ向けの営業経験がある人の多くが、既存顧客の追加発注を狙う業務をしていることが多いんです。当社のエンタープライズインサイドセールスには、既存顧客と関係性を保つ力よりも新規で開拓していく力が求められます。そうすると、エンタープライズの経験よりも開拓の力のほうがマッチ度が高いです。

また、インサイドセールスの経験がある人は少ないですが、入社してからの期待値のずれは少ないと感じています。

Q：新たに入社してきた人には、どのようなオンボーディングを行っているのでしょうか？

最初に1か月の共通研修があり、その後各チームに配属されてほかのメンバーと同様に目標を追っていくことになります。全員がインサイドセールスの経験者というわけではないので、研修では「インサイドセールスとは」「SPIN話法とは」など、基礎的なことからインプットしていきます。

Q：メンバーのみなさんは、どんなところにやりがいを感じていますか？

部署内でアンケートをとったことがあるのですが、「やりがいを感じる瞬間」を聞いたところ、一番多かったのは「数字を達成できたとき」。次いで「成長したとき」「誰かの力になれたとき」でした。

エンタープライズだと、自分でストーリーを考えるので、そのストーリーどおりにことが進むとやりがいを感じられます。

フィールドセールスに渡したあとも、商談に同席したり、商談の録画を見たりすることもあるので、うまく進んでいることを実感できる仕組みになっています。

また、フィールドセールスから感謝されたときも、やりがいを感じるという声が多くあります。インサイドセールスとフィールドセールスが近い、仲がよいというのはインサイドセールスのやりがいを維持する1つの要因になっていると感じますね。逆に、部門間の距離が離れて、チーム感、家族感が薄れていくと、やはりやりがいの低下につながると思います。

グロースマーケットは地域別に3チーム制を採用

Q：グロースマーケット事業本部内では、さらにチームが細分化されているのでしょうか？

　グロースマーケット事業本部は、第1・第2・第3のインサイドセールス部に分かれています。第2が東海・関西、第3が中国・九州、第1がそれ以外の地域を担当しています。

　エンタープライズと違い、グロースマーケットは企業数が非常に多いので、担当を区切って、エリア特性を理解したうえで、しっかりとアプローチをしたいという意図があります。

Q：BPOの方を入れる際は、どのような視点で選んでいますか。

　自社の事業フェーズ的にも、とりあえず数をふめばいいという状態ではないので、自社の事業フェーズに近い状態で質を重視した商談をとれるか、そういった経験があるかを見ています。

Q：現在の組織になり、どのような変化がありましたか？

　エンタープライズとグロースマーケットでは、戦い方が違いますよね。これまではその2つのまったく違う市場の両方を見なくてはならなかったので、難しさを感じていました。組織変更後は、500名以下の企業だけに自分のリソースを集中できるという点は大きいと思います。チームとしても、グロースマーケットに対する戦略・戦術だけを考えればいいので、明確な目標に向かって一致団結して動けるようになったと思います。

Q：成熟期のインサイドセールスは、どのような組織が最適だと思います
か？

　プロダクトごとにチームを分けている企業もありますし、職能ごとに分
けている企業もある。どちらがいいということではなく、自社の戦略を推
進するために最適な組織を検討していく必要があると思います。
　会計システムや販売システムなど単独の部署で完結するプロダクトであ
れば、プロダクトごとにチームを分けてもいいですが、SmartHRのタレン
トマネジメントという領域ではそれだと難しいんですよね。
　労務できちんと管理されたデータを、人事でタレントマネジメントにい
かす必要があるので、1企業内の複数の部署に面でアプローチする必要が
あるからです。
　また、組織が大きくなってくればくるほど、意思決定のスピードは下
がってしまうので、なんらかの分け方で小さく分けていくと、スピードを
上げていけると思います。

Q：成熟期のインサイドセールスで、課題になりやすいことは何でしょう
か？

　インサイドセールスは、「何をKPIとして置くのか」がフェーズによって
変わってきます。立ち上げ初期は、商談数を追っていたものが、受注率や
単価にも貢献しないといけなくなってくる。そうなったときに、インサイ
ドセールスとしてどこに重点を置くべきか、判断の難易度は上がってくる
と思います。
　もう1つ、立ち上げ初期からSalesforceを活用しているため、膨大なデー
タが蓄積されてきたことによる難しさもあります。顧客との過去のやりと
り、商談、読んでいただいたコンテンツなど、インサイドセールスが架電

する前に、インプットしなくてはならない情報が非常に多いんですよね。

　そうなると、どうしても一人ひとりの活動量が伸びにくくなってくる。なんらかのテクノロジーを導入することで、効率化していく必要性を感じています。

Q：グロースマーケット向けのインサイドセールスには、どういう方をアサインしていますか。

　リスト数が多いので、マーケティング的な感度の高い人が向いていると思います。グロースマーケットの場合は、たくさんあるリストのなかから、どこを狙っていけばいいのか検討する必要があるからです。そしてたくさん電話をかけて学び、自分のなかでPDCAを回していける人がいいと思います。

Q：新たに入社してきた方には、どのようなオンボーディングを行っているのでしょうか。

　エンタープライズと同様に、もともとは1か月でインプットしてすぐに現場へという感じでやっていましたが、プロダクト自体の複雑性が増してきていることもあり、限界がきていると感じています。

　さらに、広告費をかけて新規リードを獲得するフェーズから、ハウスリードをしっかり掘り起こそうというフェーズになってきているので、違ったスキルも求められているんですよね。

　1か月のみの研修だと難しくなってきたので、数か月かけてカリキュラムを組むように、現在検討しているところです。

筆者が見たポイント　市場や顧客の変化に対応して組織を編成

　SmartHRのインサイドセールスの特徴は、市場の特性に応じてチームの体制やKPIを柔軟に変えている点にあります。アプローチする市場や顧客が変われば、それにあわせて組織体制も再編成するという柔軟性が同社の強みです。

　また、採用や育成においては「現在の組織で活躍できる人材は誰か？」という視点から逆算し、必要な施策を実行しています。このアプローチが、同社の飛躍的な事業成長を支える基盤となっています。

　さらに、やりがいの創出に注力している点も印象的です。フィールドセールスとの密な連携を通じて、メンバーが自分の業務がどのように事業に貢献しているかを実感できる環境が整えられています。

　顧客だけでなく、社内のメンバーにも目を配り、最適解を追求し続ける姿勢は、成熟期のインサイドセールスにとって重要であることがよくわかります。

(名生 和史)

付 録 1

組織フェーズ別
チェックリスト

立ち上げ期、成長期、拡大期、成熟期、4つのフェーズで取り組むことをチェックリストにまとめました。自社の状況と照らしあわせて、チェックがつかない箇所があれば取り組みや改善を検討しましょう。

なおチェックリストは、各期ごとに、マネージャーとメンバーがそれぞれチェックするように分かれています。

立ち上げ期のマネージャー

☐	インサイドセールスの存在意義や目的を定義しているか
☐	マーケティング部門と目標の数値を共有しているか
☐	フィールドセールスと目標の数値を共有しているか
☐	週に1度を目安にマーケティング部門、フィールドセールスとの定例ミーティングをそれぞれ設定しているか
☐	アプローチ対象とする有効リードを定義しているか
☐	有効リードの基準（リードの評価基準）についてマーケティング部門と合意しているか
☐	商談化の基準についてフィールドセールスと合意しているか
☐	フィールドセールスへ商談をトスアップする際の情報共有ルールが決められているか
☐	失注の基準についてフィールドセールスと合意しているか
☐	失注時にフィールドセールスから引き継ぐ情報（失注理由や次回アプローチのタイミングなど）は明確になっているか
☐	失注時に、誰がどのようにフォローするかのルールが決められているか
☐	新規リードへのアプローチルールを設定しているか
☐	リードが発生したら、日常的に利用しているコミュニケーションツールに自動通知されるようになっているか
☐	リードの流入経路が確認できる状態になっているか
☐	月間の商談数（フィールドセールスのリソースが少ない場合は有効商談数）をKPIとして設定しているか
☐	SFAを導入しているか
☐	SFAでリードのフォロー状況をステータス別に管理しているか
☐	SFAで架電数、商談獲得数、商談獲得率、受注数、受注率などの活動の成果を管理しているか
☐	CTIを導入しているか
☐	（リード数が5,000件を超えている場合）MAの導入を検討しているか

立ち上げ期のメンバー

☐	保有するリード数が100件を超えていないか
☐	リード発生から1時間以内に架電しているか（タイミングは事前に設定したアプローチのルールに準ずる）
☐	リードに対して架電とメールを組みあわせて5回以上アプローチしているか（回数は事前に設定したアプローチのルールに準ずる）
☐	マーケティング施策で流入したリードの状況や顧客の声をマーケティング部門と連携しているか
☐	架電する際のトークスクリプトを作成しているか
☐	メールを送信する際のテンプレートを作成しているか
☐	フィールドセールスのカレンダーが共有され、リアルタイムに商談日程を設定することができるか
☐	日常的に利用する言葉は辞書登録しているか
☐	日常的に利用するサイトやツールはブックマーク登録しているか
☐	SFAにメールの送受信データを連携しているか

成長期のマネージャー

☐	SFAにチーム全員の架電数、商談獲得数、商談獲得率、受注数、受注率などの活動成果を可視化するためのダッシュボードを作成しているか
☐	ダッシュボードにもとづき、各メンバーのパフォーマンスを分析しているか
☐	定量、定性それぞれの観点で評価制度を構築しているか
☐	メンバーのレベルを把握しているか
☐	メンバーの定性目標を設定しているか
☐	メンバーと定期的に1on1を実施しているか
☐	リードへのアプローチ優先度を可視化するために、リードの属性と行動をそれぞれ優先度順にランク分けして整理しているか（最低2分割以上）
☐	見込み顧客が特定のアクションを起こしたらすぐにフォローできるよう「1アクション1通知」の仕組みをつくっているか
☐	ロープレを実施するための評価基準を作成しているか
☐	最新の事例やサービス資料を管理し、常にメンバーがインプットできる状態になっているか
☐	メンバーの活動スケジュールをあらかじめ設定しているか
☐	チーム全員が架電に集中する「架電タイム」を設定しているか
☐	フィールドセールスからのフィードバックをもとに商談化の基準を定期的に見直しているか
☐	商談数だけでなく、有効商談数も計測しているか
☐	（組織の状態をふまえて）KPIを有効商談数や受注数に変更しているか
☐	インサイドセールスチームの理想の姿を定義し、それをメンバーに共有しているか
☐	オペレーションルールを整理しているか
☐	オペレーションルールはつねに更新され、メンバーが閲覧できる状態になっているか
☐	録音データやメールなどの成功事例は、一元管理しているか
☐	成功事例をメンバーがいつでも参照できる状態になっているか
☐	成功事例を共有し合う会議をチーム内で設置しているか

成長期のメンバー

☐	定期的にロープレを実施しているか
☐	見込み顧客とのコミュニケーションにおいて想定される質問や意見に対しては、効果的な切り返しトーク集を作成しているか
☐	競合他社の製品・サービスを調査しているか
☐	自社の導入事例をインプットし、トークやメールで使えているか
☐	自社の導入事例を活用し、自社の製品・サービスの魅力をわかりやすく説明しているか
☐	自社の製品・サービスのメリットを端的に説明しているか
☐	自社の製品・サービスの料金体系を把握しているか
☐	CTIで録音した架電時のトークをメンバー同士で共有し、内容についてフィードバックし合っているか
☐	架電数、コネクト数、コネクト率、商談獲得数などの活動成果を確認するためのセルフダッシュボードを作成しているか
☐	商談をトスアップしたフィールドセールスへフィードバックを主体的に求めているか
☐	業界や部門、役職に応じて、柔軟にトークを変えてコミュニケーションをとれているか

拡大期のマネージャー

☐	（事業目標に対する商談数が不足する場合）アウトバウンドコールを検討しているか
☐	各メンバーの能力や性格をもとにバランスよくチーム分けしているか
☐	各チームを束ねるチームマネージャーの要件を定義しているか
☐	メンバーの中から、次のチームマネージャー人材を育成しているか
☐	チームマネージャーは、チームの定例ミーティングをセットしているか
☐	チームマネージャーは、チームの課題を言語化しているか
☐	（社内のリソースがない場合）アウトソーシングの活用を検討しているか
☐	アウトソース先の選定基準を言語化しているか
☐	アウトソース先への依頼目的を言語化しているか
☐	アウトソース先との定例ミーティングを設定しているか
☐	採用人材に求める知識、スキル、マインド、経験を言語化しているか
☐	新入社員に対するオンボーディングプログラムを作成しているか
☐	次のマネージャー候補の選定にあたり、人材要件を定義しているか
☐	チームマネージャー陣の中から、次のマネージャー人材を育成しているか
☐	ハイパフォーマーを表彰する制度はあるか
☐	メンター制度の導入を検討しているか
☐	メンバーのスキルレベルを均一化するために、イネーブルメント担当の配置を検討しているか

拡大期のメンバー

☐	継続的にロープレを実施し、またその内容をブラッシュアップしているか
☐	継続的に競合他社の製品・サービスを調査しているか
☐	継続的に自社の導入事例をインプットし、トークやメールで使えているか
☐	定期的にトークスクリプト、メールテンプレートの見直しをしているか
☐	定期的にSFAに蓄積された顧客データを整理しているか
☐	定期的に導入事例やサービス資料の更新をマーケティング部門に依頼しているか

成熟期のマネージャー

☐	BDRチームの立ち上げを検討しているか
☐	マーケティング部門やフィールドセールスの責任者とターゲットアカウントの選定およびすりあわせをしているか
☐	大企業の役員やキーパーソンへの訪問時、自社の役員を同席させる準備をしているか
☐	BDRチームのKPIとして、月間の目標商談数を設定しているか
☐	人事部門と連携し、従業員の満足度調査など実施し、定着率向上のための取り組みを検討しているか
☐	インサイドセールスから他部門へのキャリアパスについて、人事部門・マーケティング部門・フィールドセールスの責任者と話しあえているか
☐	つねに自社に最適なチーム割について検討しているか
☐	人事部門と連携し、細分化したチームごとにどのような人材がマッチするかを検討しているか

成熟期のメンバー

☐	BDRのターゲティング精度を向上させるために企業データベースを活用しているか
☐	ターゲット企業の組織構造を把握するために、組織図把握シートを作成しているか
☐	自社と顧客、また顧客内での関係性や役割を把握するためにリレーションマップを作成しているか
☐	受付突破のために、アウトバウンドコールの前に用件を明確にしているか
☐	CxOレターの送付を検討しているか
☐	CxOレターのテンプレートを作成しているか
☐	CxOレターを送付した2〜3営業日後にフォローの電話をしているか
☐	LinkedinやFacebookなどのSNSでターゲット企業と接点があるかを確認しているか
☐	SNS経由でのDM送信を検討しているか
☐	社内、既存顧客、株主、知り合いにターゲット企業と接点を持つ人物がいないかを調査しているか
☐	顧問紹介サービスの活用を検討しているか

付 録 2

用語解説

本書で登場する用語をまとめました。英字で記載されることが多い
ものはアルファベット順、日本語で記載されることが多いものは五
十音順に並んでいます。

英語の用語（アルファベット順）

用語	読み	解説
ABM	エービーエム	Account Based Marketingの略。ターゲットをアカウント（企業）レベルまで定め、アカウントからのLTV最大化を目指すときに最適なマーケティング戦略および手法
BANT	バント	Budget（予算）、Authority（決裁権）、Needs（必要性）、Timeframe（導入時期）の4つの頭文字から取った言葉。それぞれの項目をヒアリングすることで、案件の重要度を判定できる
BDR	ビーディーアール	Business Development Representativeの略。接点のないターゲット顧客に対してアプローチを行うインサイドセールスの形態
BPO	ビーピーオー	Business Process Outsourcingの略。企業の業務プロセスの一部を一括で外部の専門家に委託すること
CAC	シーエーシー	Customer Acquisition Costの略。日本語では「顧客獲得コスト」と訳される。1人の顧客を獲得するためにかかるマーケティングや営業の費用を指す 計算式：（新規顧客の獲得にかかる営業・マーケティング費用の合計）÷（新規顧客獲得数） ※営業・マーケティング費用には人件費も含む
CRM	シーアールエム	Customer Relationship Managementの略。日本語では「顧客関係管理」と訳される。顧客の情報や行動、顧客とのコミュニケーション履歴などを一元管理することで、顧客との最適な関係を構築することであり、そのためのシステムそのものを指す場合もある
CTA	シーティーエー	Call To Actionの略。問い合わせや資料ダウンロードなど、ユーザーに起こしてほしい行動をボタンやリンクで表示したもの ※例：資料ダウンロードボタンや問い合わせフォームへのテキストリンクなど

CTI	シーティーアイ	Computer Telephony Integrationの略。電話とコンピューターを統合させたシステムのこと
KGI	ケージーアイ	Key Goal Indicatorの略。「重要目標達成指標」と訳される。組織または部門の最終目標として、達成すべき最も重要なものを1つ設定する。売上高、利益、市場シェア率など
KPI	ケーピーアイ	Key Performance Indicatorの略。「重要業績評価指標」と訳される。組織の最終目標であるKGIを達成するための中間指標
LP	エルピー	問い合わせや資料ダウンロードなどのアクションに誘導するために製品・サービスの紹介を1ページほどでまとめたWebページ。ランディングページ（Landing Page）ともいう
LTV	エルティーブイ	Life Time Valueの略。日本語では「顧客生涯価値」と訳される。ある顧客が取引を開始してから終了するまでの期間に、自社に対してどれだけ利益をもたらしたか、という収益の総額のこと 計算式：1顧客あたりの月次利益×購買月数（サブスクリプションサービスの場合）1取引あたりの利益×リピート購買回数（スポット型のビジネスの場合）
MA	エムエー	Marketing Automationの略。マーケティング活動の自動化・効率化をサポートするツール
MAL	エムエーエル	Marketing Accepted Leadの略。マーケティング活動で得られた全リードのうち、見込みの薄いものを除外し、今後リードナーチャリングの対象として選定されたリードのこと
MQL	エムキューエル	Marketing Qualified Leadの略。マーケティング活動によって得られた確度の高いリードのこと。どのようなリードを確度が高いと判定するかは企業によって定義が異なる

用語	読み	解説
MRR	エムアールアール	Monthly Recurring Revenueの略。「月次経常収益」と訳され、毎月継続的に得られる収益のこと
SaaS	サース／サーズ	Software as a Serviceの略。インターネット経由でソフトウェアを提供するサービスのこと
SDR	エスディーアール	Sales Development Representativeの略。マーケティング活動により獲得した見込み顧客に対してアプローチを行うインサイドセールスの形態
SEO	エスイーオー	Search Engine Optimizationの略。「検索エンジン最適化」を意味し、Googleなどの検索エンジンの検索結果ページにおいて上位表示させ、流入を増やすための施策のこと
SFA	エスエフエー	Sales Force Automationの略。営業活動の記録、進捗状況、顧客情報などを管理するシステムのこと
SMB	エスエムビー	Small to Medium Businessの略。中堅・中小企業のこと
The Model	ザモデル	米国のセールスフォースが提唱した分業型の営業プロセスのこと。営業プロセスをマーケティング・インサイドセールス・フィールドセールス・カスタマーサクセスの4つに分け、それぞれが専門的な役割を担うことが特徴

日本語の用語（五十音順）

用語	解説
アウトバウンドコール	企業側から顧客へ架電すること
アポイント（アポ）	面会や話しあいの時間を設定すること。商談も含まれる
インサイドセールス	オフィスに居ながらにして、メールや電話、オンライン商談ツールなどを使って行う営業活動。基本的にはマーケティング部門が獲得したリードに対し営業活動を行い、商談を創出して営業部門に引き渡す、商談化しなかったリードを育成するなどの役割を担う
ウェビナー	ウェブ（Web）とセミナー（Seminar）を合わせた造語。オンラインで行うセミナー
エキスパートインタビュー	業界や商材の知識が豊富な専門家に行うインタビュー。エキスパートから業界動向や商流、カテゴリ特有の事情などをヒアリングすること
エンタープライズ	大企業や官公庁などの従業員規模の大きな組織のこと
お役立ち資料	顧客の課題感やニーズに沿って、課題解決のノウハウや業界動向、調査レポートなどをまとめた資料のこと。「ホワイトペーパー」や「ebook」とよばれることもある
オンラインセールス	メールや電話、Web商談ツールを活用して見込み顧客との商談から契約の締結までを行うインサイドセールスの形態
階段設計	見込み顧客の検討段階に応じたコミュニケーションを設計する手法
カスタマーサクセス	自社製品・サービスを利用している既存顧客の成功を実現し、自社の事業を成長させるための取り組み。それを担う部門そのものを指す場合もある
カスタマージャーニー	顧客が製品・サービスを認知してから、購買に至るまでの道のり
市場	顧客の集合体のこと

用語	解説
失注リード	商談したものの発注がもらえずに受注に至らなかった見込み顧客のこと
受注率	実施した商談に対して、受注に至った割合 計算式：（受注数÷商談数）×100＝受注率（%）
商談化率	獲得したリードに対して、商談に至った割合 計算式：（商談件数÷リード数）×100＝商談化率（%）
セグメント	「区分」や「部分」といった意味を表す言葉で、マーケティング領域においては顧客のまとまりを指す
セミナー	テーマを設定し、興味関心のある人を集めて開催するイベント
デジタルマーケティング	インターネットの各種デジタル媒体を活用したマーケティング手法
デモ	デモンストレーションの略。顧客に製品・サービスを実際に体験してもらうこと
展示会	自社の製品・サービスの紹介をして認知を広げたり、名刺を獲得をしたり、商談を目的として複数の企業が出展するイベント。展示会のテーマに沿ってさまざまな企業がブースを出展する
導入事例	製品・サービスを導入した企業の成功事例や体験談をまとめたもの。「導入実績」「事例インタビュー」などともいう
ハウスリスト	マーケティング活動や営業活動によって獲得したリードのリスト。略して「リスト」と呼ばれることもある
バリュープロポジション	自社が提供でき、競合他社が提供できず、顧客が求める独自の価値のこと
フィールドセールス	インサイドセールスから見込み顧客の情報を引き継ぎ、商談からクロージングまでを行う営業組織。外勤営業ともよばれる

フォローコール	顧客が何らかのアクションを行ったあとにその顧客に対して、確認のためにかける電話のこと。BtoBでは、リード発生後、インサイドセールスから見込み顧客に電話し、検討状況やダウンロードした資料に対する不明点などを聞くことが多い
プレスリリース	企業や組織が発表する公式文書のこと。新製品・サービスの発表や人事交代、組織変更など内容は多岐にわたる
ペルソナ	自社が提供する製品・サービスを活用している、または活用するはずの象徴的なユーザー像のこと
見込み顧客	自社の製品・サービスを購買する可能性がある顧客のこと
メンター	新入社員や若手社員をサポートする先輩社員のこと。サポートを受ける側の社員を「メンティー」という
ユーザーインタビュー	市場調査のために顧客・見込み顧客・解約顧客にインタビューすること
ユーザーテスト	自社の製品やWebサイトなどを見込み顧客に触ってもらい、行動を観察することで、課題やニーズを発見するテスト
リード	見込み顧客が資料請求や問い合わせをすることで蓄積される見込み顧客の情報。見込み顧客そのものを指す場合もある
リード育成・リードナーチャリング	見込み顧客に対して、継続的にコミュニケーションをとることで、商談・受注につなげる手法
リードタイム	製品・サービスの初回商談から受注までの期間のこと。リードを獲得してから受注までの期間を指す場合もある

会員特典データのご案内

会員特典データとして「組織フェーズ別全体像シート」と「組織フェーズ別チェックリスト」をご提供いたします。以下のサイトからダウンロードして入手いただけます。

https://www.shoeisha.co.jp/book/present/9784798187075

※ 会員特典データのファイルは圧縮されています。ダウンロードしたファイルをダブルクリックすると、ファイルが解凍され、ご利用いただけるようになります。

■ 注意

※ 会員特典データのダウンロードには、SHOEISHA iD（翔泳社が運営する無料の会員制度）への会員登録が必要です。詳しくは、Webサイトをご覧ください。

※ 会員特典データに関する権利は著者および株式会社翔泳社が所有しています。許可なく配布したり、Webサイトに転載することはできません。

※ 会員特典データの提供は予告なく終了することがあります。あらかじめご了承ください。

※ 図書館利用者の方もダウンロード可能です。

■ 免責事項

※ 会員特典データの記載内容は、2024年11月現在の法令等に基づいています。

※ 会員特典データに記載されたURL等は予告なく変更される場合があります。

※ 会員特典データの提供にあたっては正確な記述につとめましたが、著者や出版社などのいずれも、その内容に対してなんらかの保証をするものではなく、内容やサンプルに基づくいかなる運用結果に関してもいっさいの責任を負いません。

※ 会員特典データに記載されている会社名、製品名はそれぞれ各社の商標および登録商標です。

本書内容に関するお問い合わせについて

このたびは翔泳社の書籍をお買い上げいただき、誠にありがとうございます。弊社では、読者の皆様からのお問い合わせに適切に対応させていただくため、以下のガイドラインへのご協力をお願いしております。下記項目をお読みいただき、手順に従ってお問い合わせください。

■ ご質問される前に

弊社Webサイトの「正誤表」をご参照ください。これまでに判明した正誤や追加情報を掲載しています。

正誤表 https://www.shoeisha.co.jp/book/errata/

■ ご質問方法

弊社Webサイトの「書籍に関するお問い合わせ」をご利用ください。

書籍に関するお問い合わせ
https://www.shoeisha.co.jp/book/qa/

インターネットをご利用でない場合は、FAXまたは郵便にて、下記"翔泳社 愛読者サービスセンター"までお問い合わせください。電話でのご質問は、お受けしておりません。

■ 回答について

回答は、ご質問いただいた手段によってお返事申し上げます。ご質問の内容によっては、回答に数日ないしはそれ以上の期間を要する場合があります。

■ ご質問に際してのご注意

本書の対象を超えるもの、記述箇所を特定されないもの、また読者固有の環境に起因するご質問等にはお答えできませんので、あらかじめご了承ください。

■ 郵便物送付先およびFAX番号

送付先住所　〒160-0006 東京都新宿区舟町5
FAX番号　　03-5362-3818
宛先　　　　（株）翔泳社 愛読者サービスセンター

※ 本書に記載されたURL等は予告なく変更される場合があります。
※ 本書の出版にあたっては正確な記述につとめましたが、著者や出版社などのいずれも、本書の内容に対してなんらかの保証をするものではなく、内容やサンプルに基づくいかなる運用結果に関してもいっさいの責任を負いません。
※ 本書に記載されている会社名、製品名はそれぞれ各社の商標および登録商標です。

監修者

栗原 康太（くりはら・こうた）
株式会社才流　代表

東京大学卒業。2011年に株式会社ガイアックスに入社し、BtoBマーケティング支援事業を立ち上げ。事業部長、経営会議メンバーを歴任。「メソッドカンパニー」をビジョンに掲げる株式会社 才流を設立し、代表取締役に就任。著書に『事例で学ぶ BtoBマーケティングの戦略と実践』（すばる舎）、『新規事業を成功させる PMF（プロダクトマーケットフィット）の教科書』（翔泳社）など。

著　者

原 秀一（はら・しゅういち）
株式会社セールスリクエスト　代表

大手人材会社に入社後、転職サイトの法人営業に従事。その後、弁護士ドットコム株式会社にて法人営業に従事。2019年、株式会社セールスリクエストを設立し代表取締役に就任。直接的な売上向上をするためのインサイドセールス代行支援、セールス・マーケティングの現状把握からボトルネックを抽出するためSalesforce/Account Engagement（旧Pardot）の活用支援を行う。2023年7月、株式会社セールスリクエストとともにAll's groupにM&Aで参画。株式会社オーリーズ取締役に就任。

> インサイドセールス代行×CRMデータ設計・活用を行う株式会社セールスリクエストの代表をしています。インサイドセールス支援会社を経営して6年が経ちましたが、経営陣の悩みは至ってシンプルで「売上見込みとなる商談をいかに増やせるか」に尽きます。市場や競合、製品・サービス、顧客を理解し、マーケティングや経営側が立てた顧客の仮説を徹底的に検証する顧客接触数が最も多いポジションであるインサイドセールスのベストプラクティスは至ってシンプルです。本書では、これまでの支援実績のなかで得た知見をもとに、インサイドセールスにおいて再現性の高いルールや組織づくり、コミュニケーション方法、そして最短最速で売上見込みとなる商談を獲得していくために何をすべきかについて解説しています。

名生 和史 (みょう・かずし)
株式会社才流　コンサルタント

楽天グループ株式会社、株式会社SmartHRを経て才流に入社。EC・SaaS業界での営業・マーケティング経験をもとにした、リード獲得〜ナーチャリング体制の構築を得意とする。また、エンタープライズ企業開拓のためのBDR体制構築も可能。才流ではマーケティングコンサルタントとして活動。

私はインサイドセールスのプレイヤーとマネージャーを経験しており、本書では双方の観点で最適解を探っています。経験から感じているのは、「インサイドセールスは、チームを超え、もっと横にはみ出していくべきだ」ということです。マーケティングとフィールドセールスに対し、意見をいうことが難しい場面も現実にはあると思います。しかし、最初に顧客と接点を持ち、会話するインサイドセールスだからこそ、フィードバックできることがあります。インサイドセールス担当者は「横にはみ出す」マインドを持って仕事に向き合うと、マーケティングにもフィールドセールスにも、顧客にも貢献できる。組織としても、「ヨコにはみ出す」文化を早期につくっていくことが、分業体制でセールスを成功させるために重要だと思います。

原口 拓郎 (はらぐち・たくろう)
株式会社才流　コンサルタント

ITベンチャーに入社後、中小企業向けの法人営業に従事。営業統括責任者として西日本営業組織を管掌した後、営業企画、マーケティング、インサイドセールス組織の立ち上げに携わる。才流では営業コンサルタントとして活動。

私はセールスの現場やマネージャーの経験が長いこともあり、本書ではフィールドセールスの視点からインサイドセールスのあり方について考察しました。インサイドセールスは商談機会を創出することも重要ですが、顧客にとって価値のある会話をすることが重要だと考えています。極端にいえば、フィールドセールスが商談を行わなくても、インサイドセールスが顧客にきちんとアプローチをして課題を解決できるのであれば、そこで売ってもいいわけです。顧客にとって一番良い体験は何かを考えて行動できるのが、インサイドセールスの理想の姿だと思います。

ブックデザイン	沢田幸平（happeace）
DTP	シンクス
編集	南大友（才流）
図版	垰本千代（才流）
編集協力	安住久美子、水谷真智子（ともに才流）、大崎真澄

インサイドセールス 実践の教科書
立ち上げから組織づくり、事業成長まで

2024年 12月 18日 初版第1 刷発行

監修者	栗原 康太
著者	原 秀一
	名生 和史
	原口 拓郎
発行人	佐々木 幹夫
発行所	株式会社 翔泳社（https://www.shoeisha.co.jp）
印刷・製本	株式会社 ワコー

©2024 Sairu, Salesrequest

本書は著作権法上の保護を受けています。本書の一部または全部について（ソフトウェアおよびプログラムを含む）、株式会社 翔泳社から文書による許諾を得ずに、いかなる方法においても無断で複写、複製することは禁じられています。
本書へのお問い合わせについては、317ページに記載の内容をお読みください。
造本には細心の注意を払っておりますが、万一、乱丁（ページの順序違い）や落丁（ページの抜け）がございましたら、お取り替えいたします。03-5362-3705 までご連絡ください。
ISBN978-4-7981-8707-5

Printed in Japan